Encorajado pela rainha em sua vocação de historiógrafo, ele visita os senhores ingleses e os cavaleiros franceses feitos prisioneiros na batalha de Poitiers, com a qual começa a primeira crônica. Três outras a ela se seguirão, em fins do século XV, sob o título de "Crônicas da França, da Inglaterra e da Escócia, da Espanha, da Bretanha, de Flandres e arredores". Englobam não menos de três quartos do século XIV, a maior parte narrando a Guerra dos Cem Anos. Cronista e historiógrafo de talento, Froissart relatou, nos mínimos detalhes, os objetivos concernentes a tais momentos históricos.

O autor sentado em sua escrivaninha diante de
uma cena de batalha.

Quant le roy an-
glois z ses gens
et tout son ost
eurent veu les
fumees des escocoys ilz firent
tantost sonner les trompettes
z crier aux armes et comman
der que tout homme se deslo
geast z suyvist les banieres.
Ainsi fut fait et se tira chascun
tout arme sur les champs ainsi
comme silz voulsissent tantost
combatre. La endroit furent
ordonnees trois grosses batail
les a pie et chascune bataille
avoit deux eles de v. armures
qui devoient demourer a che
val. Et saichies quon disoit
quil y avoit viii.^m armures
de fer chevaliers z escuiers
z bien xxx.^m hommes armez
la moitie montez sur petites
haguenees et laultre moitie
pietons envoyez p election
de par les bonnes villes a le
gaiges. Et si y avoit bien
xxiiii.^m archiers a pie sans
la ribaudaille. Tout ainsi
comme les batailles furent
ordonnees on chevaucha tout
rengie apres les escocois de
lendroit des fumees jusques a

O exército de Eduardo III atravessando o Tyne para combater os escoceses.

de laide et confort que le roy
dangleterre devoit faire a
elle. Dont messire loys
despaigne messire charles
grimaux messire othon
dornes estoient establis
sur la mer. A lencontre de
grenese aucque quatre
mille gennevois moult

bien en point et mil hommes
darmes et trente deux gros
vaisseaulx

Cy parle listoire de la
bataille de grenese qui fut
entre messire robert dar
tois et messire loys des
paigne. Le [illegible] chap

Ainsi que messire
robert dartois le
conte de penne
brot le conte de
sallebrin le conte de suf
fort le conte de kenfort le

huon de stanfort le seign
de spenser le seigneur de
bourser Et plusieurs aultres
chevaliers dangleterre et
leurs gens aucques la
contesse motfort nagoiet

**Batalha naval de Guernesey, em 1342;
aprisionando navios de combate**

Batalha de la Roche Derrien, com a captura

Os camponeses são derrotados e lançados no Marne em Meaux por Gastão de Foix.

a toutes armures et a cheval luy
en lautre part dassemblage et
a combatre de grant voulente
La bataille des gascons
assembla a la bataille du
captal. Si tost que larcheprestre
apercent lassemblement des
batailles il se bouta hors
des routes Mais il dist a
ses gens et a cellui qui por
toit sa banniere Je vous com
mande sur quanque vous
pouez messaire envers moy
que vous atendez la fin de
la bataille. Je ne puis pas
retourner car je ne puis huy co
batre ne estre arme contre
aucuns chevaliers qui sont
par dela. Ainsi se partit il
z vng sien escuier avec luy
seulement. et passa la
riviere.
Cy parle de la bataille de co
cherel de messire bertran de
glasquin pour le roy de
france dune part. Et du
captal de beux nomme
messire iehan de grailly
pour le roy de navarre daul
tre part. Le.vij.xx.ii.e chap.

Coroação de Carlos V e de Joana de Bourbon em Reims, em 1364.

SUMÁRIO

A ESCRITA
MEMÓRIA DOS HOMENS

Georges Jean

Tradução
Lídia da Motta Amaral

OBJETIVA

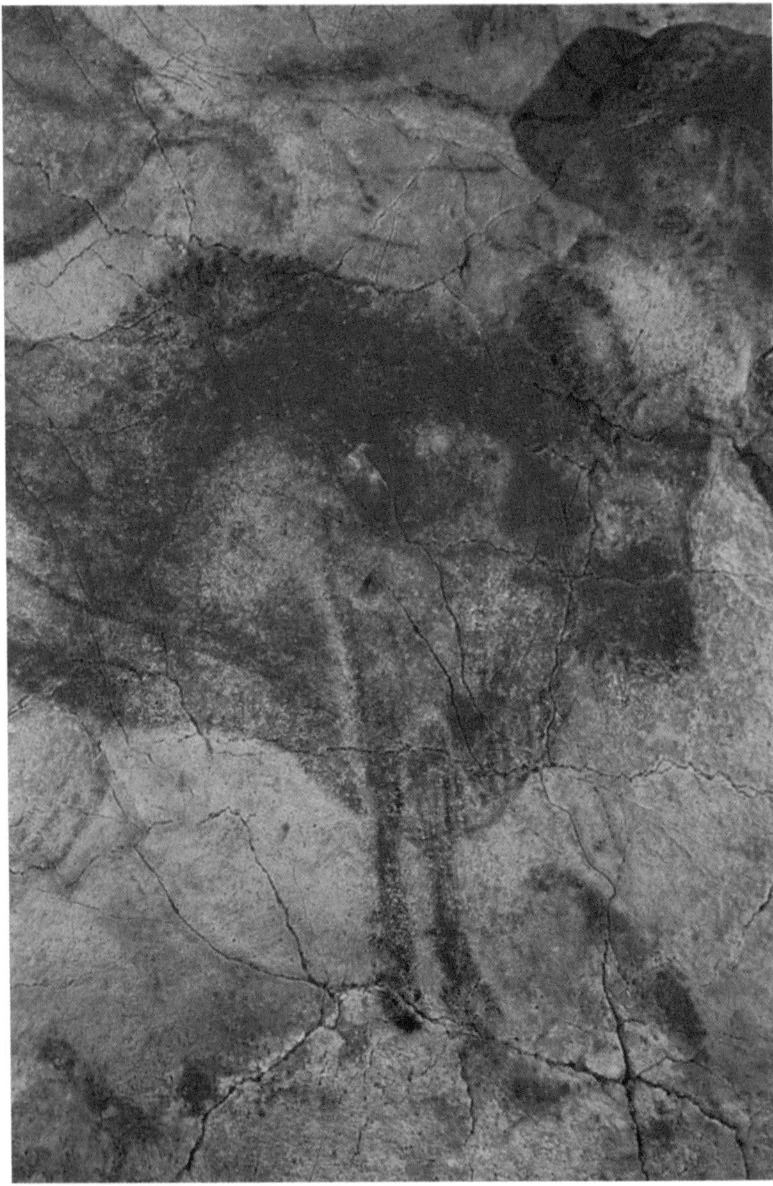

Vinte mil anos antes da nossa era, em Lascaux, os homens traçam seus primeiros desenhos. Será preciso esperar 17 milênios para que se inicie uma das mais fabulosas facetas da história da humanidade — a escrita. É facilmente aceito que aqueles que inventaram os primeiros signos escritos queriam perpetuar rastros de suas lendas. Os primórdios da história da escrita são bem menos... românticos!

CAPÍTULO 1

UM NASCIMENTO HUMILDE

"Embora os homens nasçam e morram há um milhão de anos, só passaram a escrever há seis mil anos."

Étiemble

Existem, há dezenas de milhares de anos, inúmeros meios de transmitir mensagens por meio de desenhos, sinais, imagens. Entretanto, a escrita propriamente dita só começou a existir a partir do momento em que foi elaborado um conjunto organizado de signos ou símbolos, por meio dos quais seus usuários puderam materializar e fixar claramente tudo o que pensavam, sentiam ou sabiam expressar.

Tal sistema não surge da noite para o dia. A história da escrita é longa, lenta e complexa. História que se confunde, se entrelaça, com a história do próprio homem, um romance apaixonante do qual nos faltam, ainda hoje, algumas páginas.

Tudo começa entre o Tigre e o Eufrates, na Mesopotâmia. Essa região do Oriente Médio, que se estende do golfo Pérsico a Bagdá (atual capital iraquiana), estava, entre o sexto e o primeiro milênio antes da nossa era, dividida entre a região da Suméria, ao sul, e a região da Acádia, ao norte.

O vocábulo *calculi* designava pedras contendo inscrições geométricas utilizadas para contar. Vem do latim *calculus*, "seixos", "pedrinhas", em português, originando o português "cálculo". Estas (abaixo), encontradas em Susa, datam do neolítico. Em outro campo, a medicina, o mesmo vocábulo "calcul" designa formações calcárias, "pedrinhas" em português, que obstruem, às vezes, os rins e as vias urinárias.

Notas de compra e venda não podem ser registradas oralmente. Por essa razão tão prosaica nasceu a escrita

Sumérios e acadianos, apesar de geograficamente muito próximos, falavam línguas tão díspares como são o francês e o chinês. Povos altamente civilizados, viviam em pequenas comunidades, em torno de cidades como a Babilônia, sob a autoridade de um soberano e a proteção de inúmeros deuses. Excluindo "funcionários" das cortes reais, sacerdotes e comerciantes, a população era composta de camponeses e pastores. Assim se explicam as inscrições gravadas nas primeiras placas de barro descobertas na região da Suméria, nos arredores do grande templo da cidade

Entre os mais antigos vestígios catalogados de escrita, aparece esta placa de Uruk (ao lado), datada do quarto milênio a.C. A repetição dos sinais em colunas atesta tratar-se de um fragmento de um livro de contas.

de Uruk. As "placas de Uruk" são constituídas de listas de sacos de grãos e de cabeças de gado, estabelecendo uma espécie de contabilidade do templo.

Os primeiros símbolos escritos são, pois, de contas agrícolas. Outras placas informam sobre a organização social dos sumérios. Assim, fica-se sabendo que a comunidade religiosa do templo de Lagash empregava 18 padeiros, 31 cervejeiros, sete escravos, um ferreiro etc. Constata-se, ainda,

que os povos sumérios inventaram não somente a moeda, mas também o empréstimo a juros.

Enfim, graças às placas encontradas nas escolas sumérias instaladas nos templos, trazendo de um lado o modelo estabelecido pelo mestre e, do outro, a cópia executada pelo aluno, pôde-se retraçar as diferentes fases da evolução da escrita cuneiforme.

fig. 1
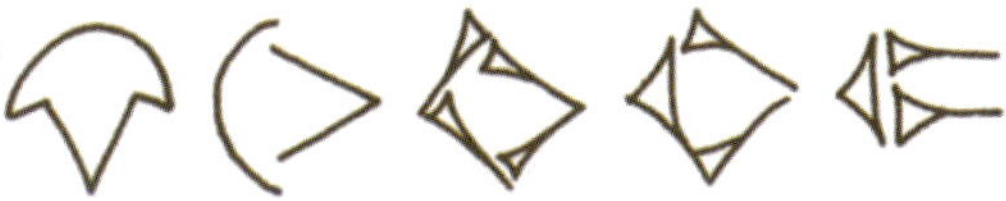

fig. 2

fig. 3

As primeiras inscrições dessa "escrita", que, antes de tudo, no dizer dos especialistas, é um "lembrete", são desenhos simplificados, que representam, de maneira estilizada, uma cabeça de boi, para designar um boi (fig. 1); um triângulo pubiano com a fenda da vulva, para representar a mulher (fig. 2) etc. Cada um desses pictogramas representa um objeto ou um ser específico.

Combinando vários pictogramas, pode-se mesmo expressar uma idéia, daí o termo às vezes empregado ser o de ideograma. Por exemplo: se fossem acrescentados ao triângulo pubiano símbolos representativos de montanhas, trataria-se de "mulheres estrangeiras", vindas do outro lado das montanhas, isto é, escravos do sexo feminino (fig. 3).

Os pesquisadores arrolaram cerca de 1.500 pictogramas "primitivos" diferentes.

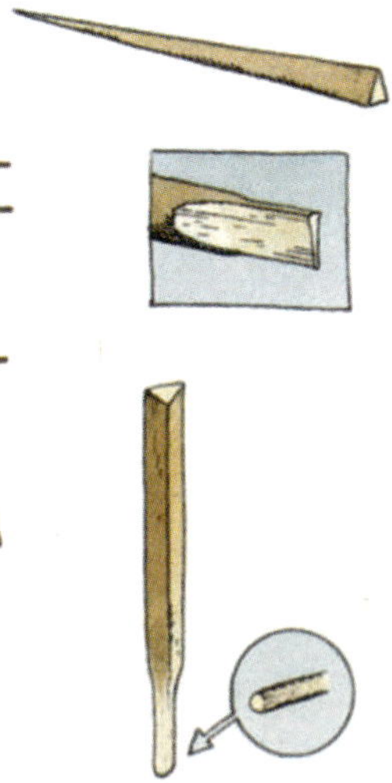

Os cálamos, talhados em matérias perecíveis — bambu ou madeira —, não se conservaram. Mesmo assim, os especialistas na escrita cuneiforme puderam deduzir, por observação, que deveriam existir três tipos: o "triangular", para formar os "cantos"; o de "ponta côncava", para formar as "cunhas"; e o de "ponta arredondada", com o qual anotavam-se os algarismos.

Ao longo dos séculos, o pictograma deixa de representar o objeto por ele designado para retirar seu significado do contexto

Uma evolução singular e totalmente espantosa iria acontecer: em torno de 2900 a.C., os pictogramas primitivos desaparecem; de novo, por razões simples e materiais: nessas regiões fluviais e pantanosas proliferavam a argila (o barro) e a cana (caniço — planta aquática).

No início, os contadores que traçavam as inscrições utilizavam placas de barro sobre as quais desenhavam objetos e seres que desejavam representar, com a ajuda de cálamos, caniços em que faziam a ponta. Com esses cálamos, ancestrais de nossas canetas-tinteiro e de nossas esferográficas, os sumérios habituaram-se a talhar em bisel (obliquamente) e com eles imprimir na argila fresca sinais que tomavam a forma de "cantos" e de linhas, formando espécies de supostas "cunhas", representações dos desenhos primitivos; daí a denominação de escrita "cuneiforme", de *cuneus*, "cunha" em latim.

Esta placa quadrada de ângulos arredondados (abaixo), datada de 2360 a.C., possui o formato característico da época da renascença suméria do império de Ur III. É um documento de economia que representa uma leva de jumentos para diversas pessoas — um agricultor, um ferreiro, um curtidor. O símbolo do jumento com as orelhas para trás, a cabeça longa e o pescoço é bem reconhecível. O símbolo do deus aparece nitidamente na casa inferior da coluna da direita.

Mas, por não terem sofrido inumeráveis transformações ao longo dos séculos, nada restou de realista de tais "sinais". Entretanto, não convém crer que o desenho dos pictogramas era uma criação livre do artista, pois foram encontrados "catálogos", listas, espécies de dicionários primitivos elaborados por escribas. Cada símbolo podia, de acordo com o contexto, ter vários significados. O desenho de um pé podia ser lido como: "andar", "ficar em pé", "transportar" etc. No momento em que os sinais passam a ter uma única significação, a deles mesmos, seu número diminui. Ficam em torno de seiscentos, o que implica, para aqueles que sabem escrever, um enorme esforço de memória.

As árvores, os sacos de grãos e os instrumentos agrícolas representados neste documento de propriedade pertenciam àquele cuja mão é vista no alto à direita, como assinatura, nesta placa da Baixa Mesopotâmia, do quarto milênio a.C.

O *rébus*: um jogo infantil que será a chave mestra da escrita

Existe, porém, algo mais extraordinário ainda: os símbolos que os escribas imprimiam nas placas de barro mole, deixadas a secar ao sol ou colocadas para cozinhar em fornos, designavam coisas ou seres. O progresso decisivo consistiu em fazer com que os símbolos correspondessem aos sons das palavras da língua falada.

Na origem da verdadeira escrita, encontra-se uma invenção notável: o fonetismo. E a astúcia admirável dos sumérios, como também a dos antigos egípcios, foi utilizar um procedimento tão simples quanto um jogo infantil: o *rébus* — charada. Eles tiveram a idéia de usar um pictograma, designando não o objeto por ele diretamente representado, mas um outro objeto cujo nome lhe era foneticamente semelhante. Isso se assemelha aos *rébus* franceses, em que um desenho de um gato (*chat*) e um desenho de um pote (*pot*) nada têm a ver com o

Os pictogramas representam tanto idéias quanto objetos.

Um pássaro e um ovo, lado a lado, significam

"fecundidade". Vários traços descendo do céu,

"a noite". Dois traços cruzados descrevem a

"inimizade". Dois traços paralelos, a "amizade".

felino e com recipiente, mas com o conceito, "chat-pot" vale por "chapeau" (chapéu).

O pictograma sumério da flecha "*ti*" designava "vida", pronunciada também "*ti*". Esse é somente um exemplo dos mais simples, pois o fonetismo, desenvolvendo-se por longos períodos, se elaborou de forma muito complexa, a ponto de os escribas sumérios terem de usar símbolos "classificadores" que permitissem saber se o signo evocava um objeto ou um som, e assim tornar mais fáceis a escrita e a leitura.

Foram também encontradas inscrições cuneiformes em monumentos e estátuas, como no cão votivo da Suméria, datado de 1900 a.C., dedicado a Ninisinna, a deusa que "escuta as preces".

Códigos jurídicos, tratados científicos ou obras literárias: daqui em diante, a escrita poderá fixar tudo

Os acadianos, antepassados semitas dos árabes e dos hebreus, acabaram por dominar toda a

Mesopotâmia. Seu predomínio era tanto que em torno do ano 2000 a.C. só se falava o acadiano na região. A escrita cuneiforme torna-se, então, uma verdadeira escrita, capaz de transcrever não somente a língua acadiana, mas também a antiga língua suméria, que se tornou língua sagrada (como, em nossos dias, o latim da Igreja católica).

Essa escrita seria a do Império Babilônico, que começa sua expansão a partir do ano 1760 a.C., e também a do Império Assírio, ao norte. Quanto chão percorrido desde as placas de Uruk!

A escrita, nascida tão modestamente por exigências de simples contabilidade, vai se tornando, pouco a pouco, para os habitantes da Mesopotâmia, um sumário, um auxílio; depois uma maneira de guardar vestígios da língua falada; e, sobretudo, uma outra maneira de comunicá-la, até mesmo de pensar e de se expressar. Foi assim que os antigos sumérios, acadianos, babilônios e assírios inventaram a correspondência, o correio e, até mesmo, envelopes de barro! Entre mil outros usos notáveis, a escrita cuneiforme permitiu a transcrição de hinos religiosos, fórmulas divinatórias e o que se convencionou chamar de literatura. Os antigos sumérios escreveram

Esquema da evolução do ideograma "rei" (um homem + uma coroa) entre 2500 e 600 a.C.

Época das dinastias arcaicas III: aproximadamente 2500 a.C.

Época de Agadê: em torno de 2250 a.C.

Época da renascença suméria: em torno de 2035 a.C.

Época paleobabilônica: em torno de 1760 a.C.

Época neo-assíria: aproximadamente 720 a.C.

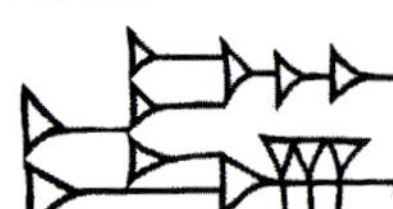

Forma clássica neo-assíria: século VII a.C.

A epopéia de Gilgamesh, da qual foram encontrados numerosos fragmentos dispersos, principalmente o que foi conservado na biblioteca do rei assírio Assurbanipal (669-627 a.C.) em

Esta estela (coluna monolítica, à esquerda) traz o ato de doação feito pelo rei Marduque da Babilônia, que reinou de 852 a 828, a um sacerdote Kalû (à direita), escriba do grande templo de Eanna de Uruk, cuja missão consistia em "amansar o coração dos deuses". Atrás do rei, entre os emblemas divinos, está representado o cálamo de Nabû, deus dos escribas, o *qantuppi*, o "talo das placas".

Sob o vaso de água corrente (página à esquerda) nas mãos do príncipe de Lagash e de Gudea (Baixa Mesopotâmia, 2150 a.C.), uma inscrição dedicada a Geshtinanna, a deusa "da água vivificante".

Nínive. Essa epopéia, que prenuncia as grandes lendas da mitologia grega, particularmente "Os trabalhos de Hércules", contém, também, uma extraordinária evocação do dilúvio, prefigurando a da Bíblia.

Esta estela, cuja reconstituição encontra-se na página da direita, é uma das mais raras representações de escribas assírios. Dois dentre eles fazem, perante o funcionário sentado, as contas do montante conseguido graças à pilhagem da cidade de Musasir, em Urtartu, por ocasião da oitava campanha do rei Sargão II em 714 a.C. O escriba assírio que escreve em cuneiforme nas placas de barro está seguido do escriba arameu, que desenrola seu papiro.

Apesar de seu desenvolvimento, a escrita permanece um domínio reservado por uma elite, à qual ela confere mais poder

Escrever e ler o cuneiforme não era coisa simples para os antigos habitantes da Mesopotâmia. Essa arte pertencia àqueles que sabiam desenhar os símbolos e conheciam sua pronúncia e seus diversos significados segundo o contexto. Os mestres da escrita, os escribas, constituíam, tanto na Babilônia quanto em Assur, na Assíria, uma casta aristocrática, por vezes mais poderosa do que os cortesãos iletrados e do que o próprio soberano.

A inscrição, muito desgastada, fica difícil de ser lida, mas sua significação foi encontrada com base em estampas e comparações. O texto, ainda visível na parte superior do relevo, mas não reproduzido neste esboço, foi extraído dos anais do rei Sargão II: "[E essas nações] retiraram meu jugo... Merodach-Baladan do Bit-Yakin, rei da Caldéia... contando com o 'rio Amer' e sua cheia compacta (para defendê-lo), rejeitou os compromissos jurados pelos deuses e suspendeu seu tributo..."

As escolas de escribas, que lhes eram reservadas, tinham uma disciplina severa, como testemunham numerosos documentos e "deveres e exercícios" de alunos da Mesopotâmia que chegaram até nós. Saber escrever e ler era, então, sinônimo de poder e força. Tal saber será sempre um privilégio.

A escrita inventada na Mesopotâmia servirá para anotar outras línguas bem diferentes daquela que a deu à luz

O mais extraordinário na história dessa primeira escrita talvez seja o fato de ela ter se adaptado a outras línguas além do acadiano, como, por exemplo, o elamita, idioma do país de Elam, cuja capital era Susa, hoje terras do Irã, e que se apoderou dos caracteres cuneiformes. Mais

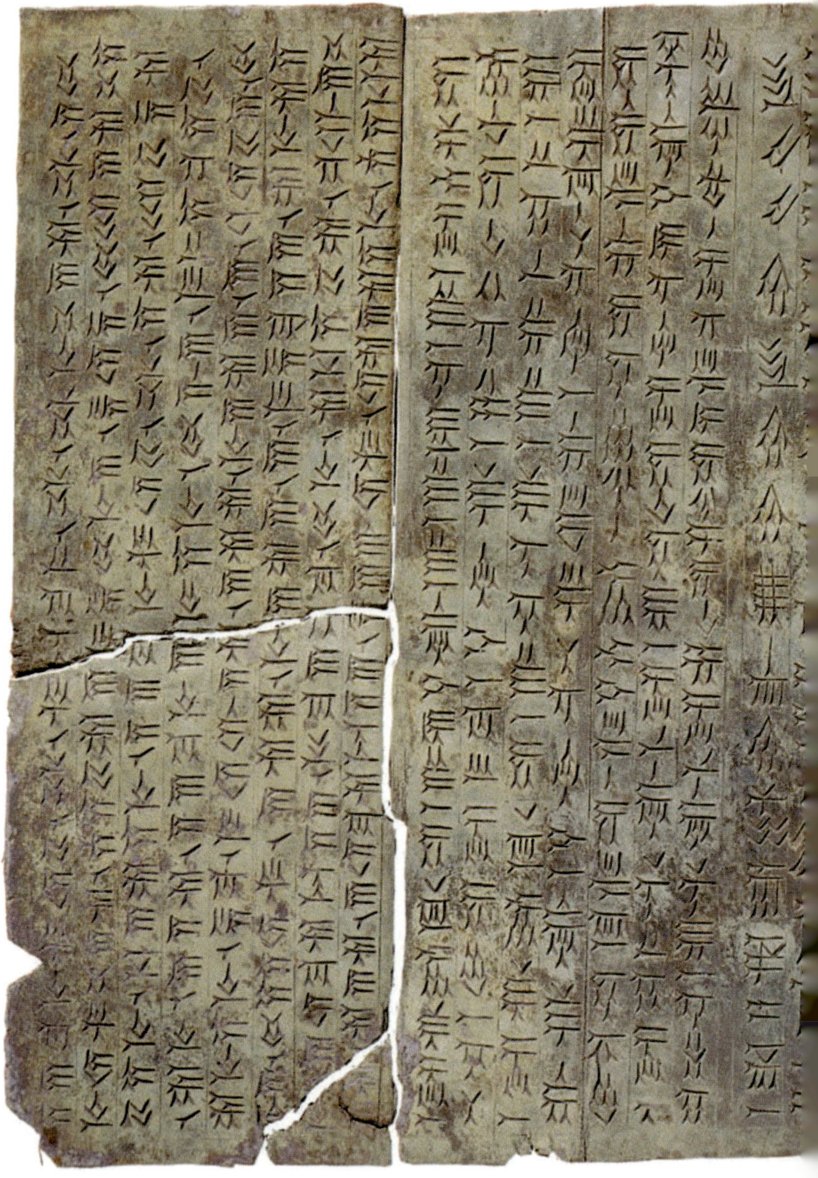

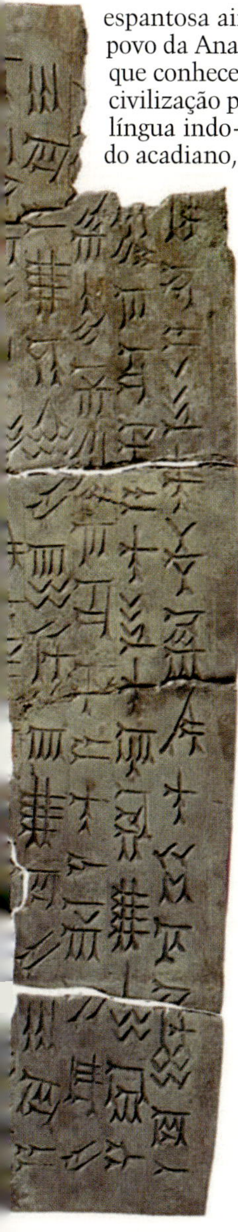

espantosa ainda foi sua adoção pelos hititas, povo da Anatólia, atual Turquia asiática, que conheceu, entre 1400 e 1200 a.C., uma civilização poderosa e rica, que falava uma língua indo-européia bastante diferente do acadiano, de origem semita. Contudo, os hititas, apesar de usarem originariamente pictogramas próprios, diferentes dos sumérios, souberam adaptar o cuneiforme.

O mesmo aconteceu com o "antigo persa", antepassado do persa atual. O Império Persa (atual Irã) viveu sua maior glória em torno de 500 a.C., utilizando também o cuneiforme.

Entre o terceiro e o primeiro milênios a.C., portanto, a escrita cuneiforme, nascida entre o Tigre e o Eufrates, expandiu-se ao sul, na Palestina, e, ao norte, na Armênia, onde deixou, respectivamente, no cananeu e no hurrita. Sem a penetração da escrita cuneiforme em outras línguas, sem dúvida alguma, os especialistas não teriam conseguido jamais decifrar seus mistérios.

Quando o escriba escrevia sobre metal, utilizava um buril. Esta placa de prata (à esquerda), atribuída a Dario I, rei da Pérsia de 522 a 486, prova o uso tardio do cuneiforme e demonstra magistralmente a leveza dessa escrita, que permitia escrever tanto o babilônio (zona central) quanto o elamita (zona da direita) ou o antigo persa (zona da esquerda). Em contrapartida, os pictogramas hititas (abaixo), muito figurativos, espalharam-se entre 1400 e 1300 a.C.

Enquanto os símbolos cuneiformes se espalham por toda a Mesopotâmia, outros sistemas de escrita nascem e se desenvolvem no vizinho Egito e, também, na longínqua China. De uma ponta à outra do mundo, os homens dedicam-se a transcrever sua história sobre a pedra, o barro e o papiro, vendo nisso um presente divino.

CAPÍTULO 2

UMA INVENÇÃO DOS DEUSES

Caracteres sagrados, figuras de deuses: à esquerda, Rê Horatkhty, a quem o harpista dedica sua música; à direita, Thot (aqui sob a forma de macaco), deus da escrita e patrono dos escribas egípcios, inspira a leitura de Nebmertouf.

A história do antigo Egito teria ficado, sem dúvida, em grande parte desconhecida ou obscura se Champollion e os egiptólogos não tivessem penetrado no segredo da escrita "hieroglífica", que recobre os inumeráveis monumentos do vale e do delta do Nilo.

Este conjunto de hieróglifos está inserido em um cartucho, isto é, em uma moldura, indicando tratar-se de um nome sagrado, no caso o de Ramsés IX, rei do Alto e do Baixo Egito no século XII a.C.

Fragmento do *Livro dos mortos*, faixa de hieróglifos (página da direita) que se lê verticalmente. São vistos dois desenhos de escaravelho, que significa "vir a existir", entre os quais está intercalado o signo da boca, que significa "falar". Sendo esta faixa fragmentária, torna-se difícil dar-lhe a tradução exata; em todo caso, o conjunto deixa transparecer tratar-se do anúncio do nascimento ou aparecimento de alguém ou de alguma coisa.

Essa escrita, ao contrário da cuneiforme — austera, geométrica, abstrata —, é fascinante, poética e realmente viva! Porque é feita de desenhos admiravelmente estilizados: cabeças humanas, pássaros, animais diversos, plantas e flores.

Sumérios e egípcios habitavam a mesma região do mundo e suas civilizações apresentavam muitos pontos em comum. Por essa razão, os pesquisadores ainda se interrogam sobre eventuais semelhanças entre os pictogramas de uns e os hieróglifos dos outros. Contudo, por enquanto, ainda se está no terreno das hipóteses e a pesquisa está longe de ser concluída.

Segundo os antigos egípcios, foi o próprio deus Thot quem teria criado a escrita, doando-a depois aos homens

A palavra "hieróglifo", que designa os caracteres da escrita egípcia, significa, de fato, "escrita dos deuses" (do grego *hieros*, "sagrado", e *gluphein*, "gravar").

Os primeiros documentos contendo inscrições em hieróglifos remontam ao terceiro milênio a.C.; porém, parece que a escrita surgiu anteriormente. Em todo caso, não sofreu nenhuma transformação notável até aproximadamente 390 d.C.; até mesmo quando o Egito estava sob o domínio romano! Simplesmente, ao longo dos milênios, a quantidade de símbolos cresceu consideravelmente, passando de setecentos a 5 mil, aproximadamente, no momento da ocupação romana.

Para começar, os egípcios, contrariamente a seus vizinhos sumérios, conceberam um sistema gráfico capaz de tudo exprimir. Na Mesopotâmia as inscrições primitivas tornaram-se pouco a pouco "resumos", e só mais tarde uma escrita, ao passo que o sistema hieroglífico é, desde sua origem, desde suas primeiras comprovações, uma escrita verdadeira: primeiramente porque reproduz quase por completo a língua falada, língua que pode ainda ser encontrada, na medida em que sobreviveu até nossos dias sob a forma da língua copta; depois, porque remete a realidades abstratas e concretas, transcrevendo conselhos tanto para a agricultura, a medicina, a educação, quanto preces, lendas, direito e a literatura sob todas as suas formas.

As paredes do templo de Karnak, em Tebas, permitem duas leituras: de um lado, os personagens; de outro, os signos hieroglíficos, que, além de serem lidos, podem também ser contemplados em sua beleza gráfica.

As imagens chamadas de fonemas podem ser classificadas em três categorias: 1) signos "monolíteros" — têm valor de uma letra; 2) signos "bilíteros" — têm valor de duas letras; 3) signos "trilíteros" — têm valor de três letras. Esta figura (ao pé da página) é um signo bilítero, lido "hn".

A originalidade e a complexidade dessa escrita se devem ao fato de ela ser constituída, grosso modo, por três espécies de símbolos: os pictogramas, desenhos estilizados, que representam coisas e seres, com combinações de símbolos para exprimir idéias; os fonogramas, os mesmos desenhos ou outros, mas que representam sons (os egípcios utilizavam, mais ou menos, os mesmos procedimentos de *rébus* que os antigos sumérios); e, por fim, os determinativos, símbolos que permitiam saber de que categoria de coisas e de seres se tratava.

Logo que a "escrita dos deuses" começa a ser decifrada, o prazer da contemplação une-se ao prazer da compreensão

Tal sistema gráfico, que é uma escrita, é belo e traduz bem a "escrita dos deuses". Em geral, os nomes dos deuses e dos faraós, considerados deuses, figuram emoldurados nos textos, para que se reconheça o caráter sagrado dessas palavras.

O mais freqüente é que as linhas de hieróglifos sejam lidas da direita para a esquerda. O sentido da leitura é indicado pela orientação das cabeças humanas ou dos pássaros: o leitor deve ler indo em direção à face ou ao bico. Na prática, nem sempre é tão simples assim. Por exemplo: quando uma inscrição, sobre as paredes de um monumento ou de um templo, encontra-se nas proximidades da estátua de um deus importante (Osíris, Anúbis), ou de um faraó, os rostos das inscrições estão voltados em sua direção, o que muda o sentido da leitura e complica sua interpretação. Os hieróglifos podem também ser escritos de baixo para cima, ou, alternadamente, da direita para a esquerda e, na linha seguinte, da esquerda para a direita. Esta última forma é dita "bustrofédon", literalmente: como o boi que vem e vai quando o lavrador o faz traçar sulcos na terra.

A "escrita dos deuses" é duplamente sagrada. E essa é sem dúvida a razão pela qual a contemplação dos hieróglifos nos encanta. Incessantemente, sobre as paredes dos templos, nas faces laterais das tumbas, estão glorificados os inumeráveis deuses do antigo Egito, como se tais hieróglifos constituíssem, eles mesmos, símbolos sagrados. Tais símbolos, gravados na pedra ou desenhados e pintados, possuem uma beleza mais que humana e são, além do que significam, espécies de "poemas visuais" que para os antigos egípcios só podiam ser de inspiração divina.

Este conjunto de signos hieroglíficos (ao pé da página) é lido, excepcionalmente, da esquerda para a direita. O primeiro signo, à esquerda, lê-se "hb". O segundo é determinativo: a perna demonstra tratar-se de uma palavra relativa a algo que se passa com o pé. O terceiro é um pictograma figurativo: um homem que dança. E o todo significa "dançar"...

E para nós, apreciadores de tais maravilhas, a emoção é a mesma, o transporte é análogo ao que proporcionam a grande poesia e, para os crentes, a oração.

De essência divina, a escrita egípcia, todavia, não é consagrada exclusivamente à expressão religiosa

Os inúmeros monumentos e documentos encontrados no Egito revelaram, como aconteceu também com a escrita cuneiforme, os múltiplos aspectos de uma grande civilização.

A escrita permitiu aos antigos egípcios perpetuar sua História, estabelecer a lista de seus soberanos, narrar acontecimentos importantes, casamentos reais ou batalhas. No Egito, como em todo lugar, a História nasce com a escrita, colocando, pela primeira vez, os fatos históricos em ordem cronológica. Mas a escrita serve também para fazer a contabilidade, como entre os primeiros sumérios, estabelecer regras jurídicas, redigir contratos de

Unidade de medida de comprimento, esta régua "real" tem a extensão de um "côvado real" (52cm) e é dividida, em sua face central, em 28 dedos de 1,86cm, também eles próprios divididos em palmos (um palmo = 4 dedos = 7,44cm).

venda de bens e de casamento. É, também, o veículo da literatura. A literatura egípcia é de extraordinária riqueza, alia gêneros os mais diversos: máximas de moral, hinos aos deuses e aos reis, contos históricos e romances de aventuras, cantos de amor, poesias épicas e fábulas.

Entre os mais conhecidos desses monumentos literários figura o *Livro dos mortos*, escrito em

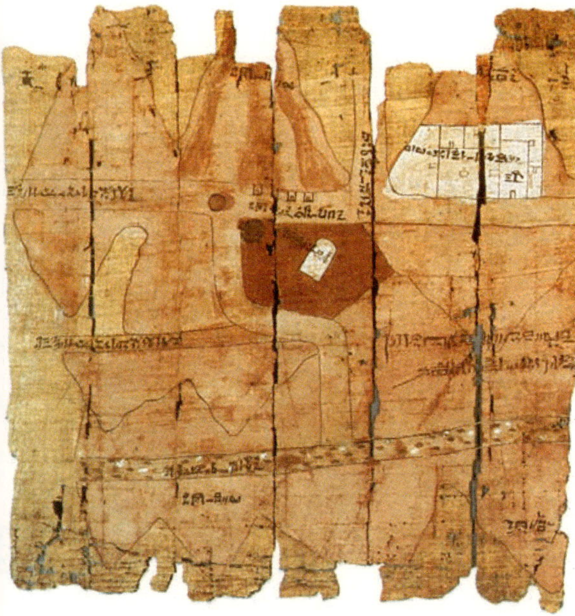

hieróglifos no período da 19ª dinastia faraônica, isto é, no século XIII a.C. E, finalmente, não esqueçamos os textos geográficos e científicos, nem tampouco todos os que falavam da arte da adivinhação, da magia, da medicina, da farmacopéia, da culinária e, logicamente, da astronomia, a medida do tempo; de lunar, o calendário passa a solar desde o terceiro milênio, enumerando 365 dias e seis horas no ano.

O calendário de Elefantina (página da esquerda, embaixo) foi gravado no reinado de Tutmósis I (por volta de 1450 a.C.), em um dos templos da cidade. Enumera as oferendas a serem presenteadas aos deuses no dia em que a estrela Sothis (nossa Sirius) aparecer no horizonte. Sua aparição tem data certa: terceiro mês do verão, 28º dia. Está situada no meio da terceira coluna da direita para a esquerda.

No "Papiro das minas de ouro" (ao lado), datado da 20ª dinastia (por volta de 1100 a.C.), os cumes do Gebel estão alinhados em quatro cadeias. No alto, as "montanhas de ouro" de granito, com suas minas de ouro. Abaixo delas, as pequenas casas dos operários; à direita, em branco, o templo do deus Amon. Embaixo, a estrada principal, ladeada de rochedos e de pedras.

Sob a 19ª dinastia egípcia (segunda metade do século XIV a.C.), os defuntos eram colocados em túmulos, tendo por viático para a eternidade um "Livro dos mortos". Durante o funeral, um sacerdote fazia a leitura do livro citado. Rolo de papiro, de couro ou de linho, ornado de vinhetas decoradas suntuosamente, cada livro é intitulado *Livro do despertar*. Os textos nele contidos contam detalhadamente, em um vasto afresco, os episódios da renascença, como este, da pesagem das almas: o coração do morto é colocado sobre o prato de uma balança; sobre o outro prato, encontra-se a pena que simboliza Maat, a Justiça-Verdade; os dois pratos devem estar equilibrados. O deus Anubis, com cabeça de chacal, ao centro, controla a pesagem; monstro híbrido, a Grande Devoradora, sentada à direita, está pronta para fazer em pedaços o defunto, se o julgamento lhe for desfavorável. O fundo é coberto de hieróglifos que descrevem a cena.

Diferentemente do fragmento anterior, este nos introduz em um universo fantástico: o defundo (à direita) apresenta-se diante do deus do inferno, Khnoum, com cabeça de carneiro. Uma estranha criatura bicéfala e uma serpente assistem à cena. Em torno dessa trama estão ordenadas fórmulas que permitem ao defunto repelir a serpente e não ser comido pelos vermes. Os textos do *Livro dos mortos* refletem uma concepção mágica da palavra e da escrita, pois sua presença ao lado do morto é a garantia de sua ressurreição.

Após a absolvição, a defunta, ou o defunto, goza as delícias do "campo dos caniços", o paraíso egípcio. As pinturas e os textos relativos a tal episódio protegem o morto em sua marcha em direção à eternidade: são fórmulas para não morrer uma segunda vez, para afastar o terror primitivo de andar de cabeça baixa... Ou cenas rituais evocadoras de uma existência próxima à dos vivos. Aqui, a morta prostra-se diante do crocodilo Sobek, deus da fertilidade, apelando por seu intercessor, as cheias do Nilo.

No Egito, como na Mesopotâmia, saber ler e escrever é, ao mesmo tempo, privilégio e poder

Os escribas eram os mestres da escrita e, por conseguinte, os mestres do ensino, pois este era, antes de tudo, o ensino da escrita.

Um aprendizado árduo, quando se pensa na complexidade da escrita hieroglífica. Admitidas na escola por volta dos dez anos de idade, as crianças lá ficavam somente alguns anos; os mais capazes prosseguiam os estudos até a idade adulta. O método empregado pelos mestres egípcios consistia tanto de exercícios de memorização quanto de leitura; os alunos passavam longas horas salmodiando em coro. A arte de escrever era adquirida por força de cópias e ditados, primeiro em letras cursivas, depois em hieróglifos. Os castigos físicos eram eficazes, se acreditarmos no preceito egípcio: "A orelha do menino fica nas costas, ele escuta quando apanha!" E, para os que faltavam à aula, a punição podia chegar à prisão. Os escribas formavam uma casta poderosa. O domínio da escrita tornava-os, às vezes, tão poderosos quanto o faraó que lhes dava trabalho, particularmente,

Esta estátua de calcário pintado, com olhos de alabastro, de cristal de rocha e ébano, é a imagem de um escriba sentado, que, aparentemente, praticava sua arte e seu ofício sob a 4ª dinastia (2620–2500 a.C.). A extraordinária concentração do personagem, a intensidade do olhar, a imobilidade, pronta a se romper, da mão que escreve e da que desenrola o rolo fazem dele um representante eterno dos homens da escrita.

Circundando este texto em escrita cursiva hierática estão dispostos alguns dos instrumentos dos quais se serviam os escribas. À esquerda, a paleta ou estojo contendo os cálamos pontiagudos. Embaixo, a placa sobre a qual o escriba "alisava" o papiro e se apoiava para escrever. Os dois copinhos ficavam cheios de tinta preta e vermelha (a vermelha para escrever principalmente o nome dos deuses). À direita, um corta-papiro.

quando este contentava-se em ser um deus e se abstinha de aprender a ler, escrever e contar.

Diferentemente de seus pares da Mesopotâmia, os egípcios dispunham de vários suportes para escrever. De pedras, é claro, sobre as quais eram gravados os hieróglifos, mas também de um material leve, fino e mais manuseável, o papiro.

Há cinco mil anos, os escribas já utilizavam a folha, a tinta e a pena

O papiro é uma planta que cresce abundantemente nos pântanos do vale e do delta do Nilo. Era empregado para fabricar diversos objetos do dia-a-dia, tais como cordas, esteiras, sandálias e velas de barcos. Seus caules fibrosos permitiram fabricar um suporte que iria revolucionar o mundo da escrita, dando à luz a "folha". O tratamento consistia em cortar do caule tiras finas, juntá-las, entrelaçando-as.

Estes escribas-alunos estão prestes a fazer um exercício de escrita ditado por um mestre, não visível no documento. Cada um deles segura seu cálamo na mão direita e seu rolo de papiro na esquerda.

Sobrepondo perpendicularmente duas camadas, obtinha-se uma superfície plana e flexível, pronta para secar por compressão antes de ser polida. Cerca de vinte folhas eram coladas com pasta de amido, a fim de obter um rolo de vários metros de comprimento.

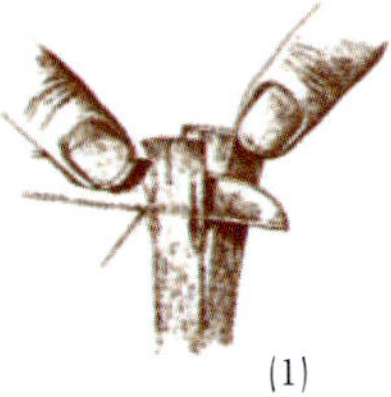

(1)

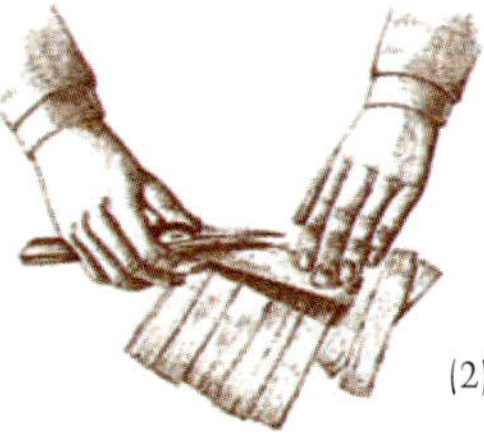

(2)

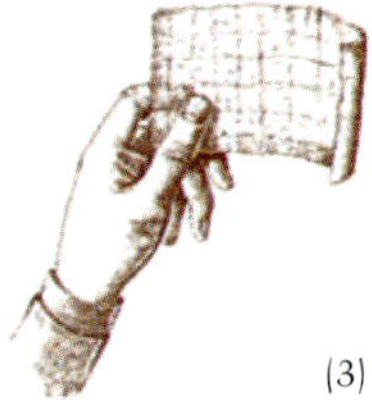

(3)

Os caules de papiro eram cortados em finas lâminas (tirinhas) (1), antes de serem agrupados em uma espécie de tecido (2), uma trama de laminazinhas colada perpendicularmente sobre a outra. O papiro era, em seguida, alisado e comprimido (3).

Para escrever, o escriba desdobrava o rolo com a mão esquerda e enrolava-o com a direita, à medida que o papiro era coberto por inscrições. Dadas as dimensões do rolo (o mais longo que chegou até nós mede 40 metros), ele trabalhava, o mais das vezes, sentado como um alfaiate, o papiro preso entre os joelhos, sobre seu avental.

Neste afresco tumular, operários enchem recipientes contados pelo personagem sentado sobre o monte de grãos. Os escribas anotam à medida que os recipientes se enchem. Uma das funções dos escribas egípcios era, realmente, tomar nota e fazer o relatório das colheitas.

Para desenhar os símbolos, usava uma varinha de caniço de 20 centímetros cuja ponta era amassada ou modelada de acordo com o que desejava gravar. A tinta preta, muito densa e resistente, era composta de uma mistura de pó de fuligem e água, mais um fixador como a goma-arábica. Os títulos vinham escritos no alto e no início dos capítulos em tinta vermelha à base de pó de cinábrio, um sulfureto de mercúrio ou de mínio, um óxido de chumbo.

Monopólio do Estado, o papiro era exportado, desde o terceiro milênio antes da nossa era, para toda a bacia do Mediterrâneo, o que representava, para o Egito, uma apreciável fonte de renda. Porém, para o país em si, esse monopólio pesou bastante sobre o custo do papiro, fazendo com que escribas e estudantes se sentissem descontentes. Os palimpsestos, papiros cujo texto inicial foi apagado para serem reutilizados, atestam o preço elevado dos papiros virgens. Menos onerosas, a pedra calcária e a cerâmica eram utilizadas para as anotações de menor importância. Quanto ao couro, já conhecido dos antigos egípcios e mais caro ainda do que o papiro, tinha seu uso reservado estritamente para textos de grande valor.

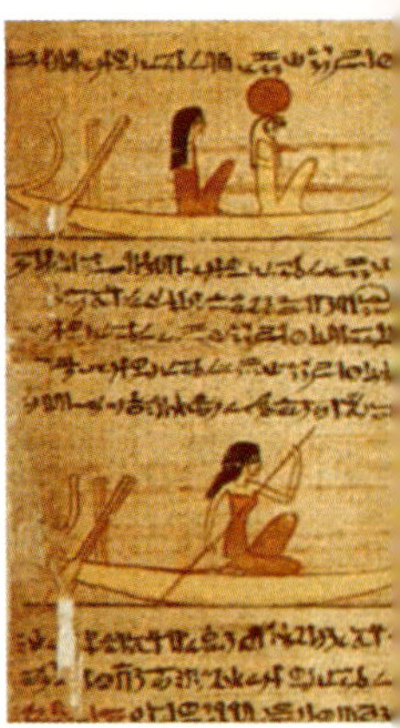

Para responder às necessidades da vida cotidiana, o sistema hieroglífico concebe duas outras formas de escrita mais rápidas

Os desenhos de hieróglifos sobre papiro exigiam muita paciência e minúcia. Ora, tal escrita, com seus signos esmerados, era inadequada à vida do dia-a-dia e à rapidez que certos trabalhos exigiam dos escribas. Então, inventaram uma escrita "cursiva" — que corre sobre o papiro —, surgida mais ou menos na mesma época que a escrita hieroglífica, e também chamada de "hierática" (do grego *hieros*, "sagrado"), ou "sacerdotal", pois, segundo o historiador grego Heródoto, que nos transmitiu tal designação, ela teria sido usada, em sua origem, pelos sacerdotes. Tal escrita apresenta os mesmos caracteres que a escrita hieroglífica (ideogramas, fonogramas, determinativos), porém, freqüentemente ligados entre si, e distanciando-se, pouco a pouco, do desenho primitivo.

Cerca de 650 a.C., enquanto os hieróglifos e a "cursiva hierática" seguem seu curso, aparece uma cursiva mais clara, rápida, ligada (na qual as letras são ligadas entre si), lida, como a escrita hierática, da direita para a esquerda. É a escrita "demótica" ou "popular", que será a escrita corrente no Egito. Na famosa Pedra de Roseta, por meio da qual Champollion desvendou o segredo dos hieróglifos, figura o mesmo texto escrito em hieróglifos, em demótico e em grego. E percebe-se que é muito difícil para um não-especialista reconhecer, com base em caracteres demóticos, os hieróglifos originais.

Entretanto, possuímos ainda hoje traços dessa escrita: do mesmo modo que a língua copta permitiu reencontrar a língua falada pelos antigos egípcios, também sobreviveram, na escrita copta, alguns caracteres provenientes da escrita demótica. Por isso, Champollion dizia que, para compreender a escrita hieroglífica, se fazia necessário, antes de tudo, ler a escrita copta.

Esta estela funerária do túmulo de Nefer e Ka-hay representa a colheita do papiro. Após terem sido arrancados do solo esponjoso, os caules eram amarrados em feixes e transportados nas costas de homens até os secadouros.

O papiro se adequava à escrita cursiva, ao passo que outras bases mais duras, como a pedra ou o metal, eram apropriadas para a escrita hieroglífica. A escrita cursiva ou hierática é quase tão antiga quanto a escrita hieroglífica, na qual se inspira. Porém, em sua forma tardia, o demótico, os hieróglifos primitivos quase não são reconhecíveis.

A Mesopotâmia e o Egito liberaram o segredo de suas escritas, porém a de Creta antiga continua, até hoje, um enigma

No momento em que a escrita cuneiforme tomava seu aspecto quase definitivo, quando a civilização egípcia conhecia um fabuloso desabrochar e os escritos hieroglíficos multiplicavam-se, lá pelo segundo milênio a.C., desenvolviam-se em Creta e,

Os 45 signos do disco de Faístos foram datados do século XVII a.C., graças à estratigrafia. Os signos são figuras de animais, de objetos da vida cotidiana, de casas. Supõe-se que a escrita comece na borda do disco. O número de signos empregados e o grupo de dois ou três signos por palavras tornam verossímil o fato de que se trata de uma escrita silábica, de tipo egeu.

sem dúvida, na Grécia continental escritas que se tornaram problemas para os pesquisadores.

A partir da metade do século XIX, principalmente, foi descoberta, nas ruínas da antiga cidade de Cnossos, uma grande quantidade de fragmentos cobertos de inscrições.

Tais hieróglifos estão gravados ora em sinetes de esteatita (pedra macia, fácil de trabalhar), ora inscritos no barro, como o famoso "disco de Faístos", um dos maiores enigmas desta história: em 1906, arqueólogos italianos descobriram em Creta um disco de barro coberto, em cada face, por 45 signos enrolados em espiral. Ninguém, até hoje, conseguiu decifrá-lo.

Na outra extremidade do mundo, a China inventa, dois mil anos a.C., uma escrita que perdura até hoje

A escrita chinesa é um caso único: nascida por volta do segundo milênio a.C., codificada por volta de 1500 antes de nossa era e constituída em sistema coerente entre 200 a.C. e 200 d.C., é perceptivelmente a mesma que os chineses lêem e escrevem hoje.

Este selo chinês, talhado no jade, é o ancestral dos caracteres da imprensa.

氵
(a)

言
(b)

可
(c)

河
(d)

訶
(e)

Na escrita chinesa, as "chaves", em número de 214, colocadas ao lado de um outro caractere, especificam-lhes o sentido. O elemento "poder" (c), precedido da chave "água" (a), significa "rio" (d). Porém, o mesmo elemento associado à chave "palavra" (b) dá "criticar" (e).

No atual Egito, assim como na Mesopotâmia contemporânea (o Iraque), a escrita árabe há muitos séculos tomou o lugar dos hieróglifos e do cuneiforme. Mas a escrita chinesa é a mesma escrita chinesa de sempre. De fato, em outros tempos, os caracteres chineses eram traçados — ou melhor, belamente caligrafados — tradicionalmente com pincel e nanquim (tinta chinesa); hoje, os chineses utilizam uma caneta ou uma esferográfica. Certo, as máquinas de escrever e de imprimir são dotadas de caracteres sem grossos e finos, mas, na essência e salvo modificações encontradas para simplificar, a escrita chinesa continua fiel a suas origens.

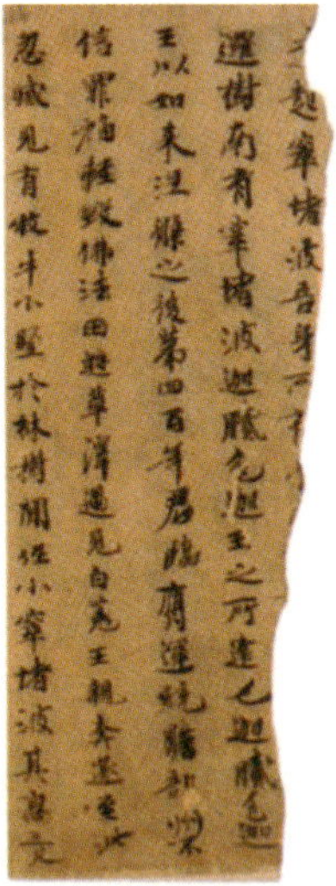

Na pintura chinesa e na japonesa, a caligrafia dos caracteres é também um elemento semântico: grafismo, cor e intensidade do traço se conjugam para dar ao visual sua inteligibilidade completa. Os manuscritos apresentavam-se na forma de rolos (acima), carregados nas costas pelos peregrinos budistas que atravessavam o país.

Como os egípcios, os chineses atribuem um nascimento lendário à sua escrita

Segundo a lenda, três imperadores estariam na origem da escrita, notadamente o imperador Huang-Che, que teria vivido no século XXVI a.C. e teria encontrado a escrita depois de haver estudado os corpos celestes e os objetos naturais, em particular as pegadas de pássaros e animais. Segundo o poeta Wu Weiye, aquela parecia a pior das invenções: "Huang-Che chorava na noite: tinha por quê."

Muito mais esclarecedora foi a descoberta acontecida após a cheia de um afluente do rio Amarelo em 1898-1899, que revelou fragmentos de cascos de tartaruga e omoplatas de cervo. Sobre esses fragmentos, estavam gravadas inscrições, os mais antigos traços da escrita chinesa.

Viviane Alleton, especialista em escrita chinesa, conta que "os sacerdotes gravavam suas perguntas sobre uma das faces do casco de tartaruga, aproximavam a outra face do casco do fogo (aceso a leste) e a resposta à pergunta deveria ser deduzida segundo os estalos e as rachaduras produzidos pelo calor. (...) Os caracteres da indagação eram gravados de cima para baixo em colunas. (...) Tais caracteres, em seu princípio e suas estruturas, são idênticos aos atualmente em uso".

O pictograma, elemento de origem, elemento-chave de todas as escritas, subsiste, ainda hoje, nos caracteres chineses

Em quase todas as civilizações, a aventura da escrita começou por um idêntico primeiro capítulo: tanto com os antigos chineses quanto com os sumérios, os egípcios, os hititas ou os cretenses, os primeiros signos traçados foram, invariavelmente, desenhos, pictogramas e combinações de pictogramas. Além disso, certos pictogramas

Alguns pictogramas, datados das origens da escrita chinesa, chegaram até nós (acima). Entre as formas antigas, à esquerda, e as formas modernas, à direita, trinta séculos... Do alto para baixo: o sol, a montanha, a árvore, o meio, o campo, a fronteira, a porta.

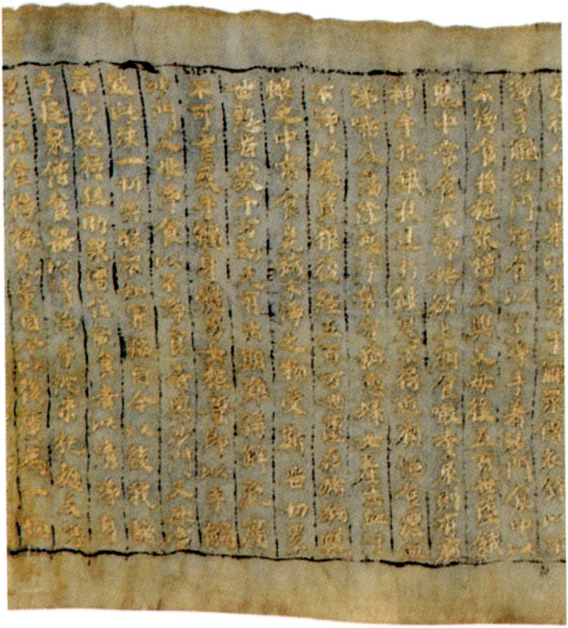

provenientes de civilizações bastante diferentes apresentam semelhanças surpreendentes.

Ensinamentos de Buda sobre a observância do Jejum e da Pobreza são o tema deste bordado sobre seda chinesa do século VII a.C., cujos caracteres constituem simultaneamente o texto e o elemento decorativo.

A escrita chinesa obedece a uma série de regras sutis que fazem dela, verdadeiramente, uma arte poética

Muito rapidamente, os pictogramas foram se estilizando, embora subsistam ainda nos caracteres chineses vestígios bastante visíveis dos pictogramas primitivos, conferindo a essa escrita uma caligrafia de dimensão poética, particularmente manifesta nas combinações de certos caracteres. Por exemplo: se acrescentarmos ao signo "orelha" o signo "dragão", obteremos um signo composto que significa "surdo".

A "chinesice" mais importante da língua e da escrita chinesas consiste, porém, em um único som pronunciado podendo significar, segundo sua grafia, várias coisas. Assim, o som "shi" pode significar "saber", "ser", "poder", "mundo", "juramento",

"abandonar", "pôr", "negócio", "amar", "ver", "velar por", "contar com", "andar", "tentar", "explicar", "casa" etc.

O que nos obriga a dizer que a escrita é, mais do que a língua falada (a do norte totalmente diferente da do sul), o elemento maior da unidade lingüística da China.

Cada caractere deve estar inscrito em um quadrado perfeito. Em geral, é composto de uma chave, que lhe dá sentido (ou o essencial do sentido), e de uma parte fonética indicativa de sua pronúncia. Os caracteres devem ser caligrafados, desenhando-se os traços que os compõem em ordem precisa. O chinês "do dia-a-dia" é lido da esquerda para a direita, ao passo que o chinês erudito e da poesia é lido do alto para baixo e da direita para a esquerda.

A originalidade deste rolo chinês de pintura sobre seda do século XVIII reside nos sinais impressos que autenticam seu autor. Essa técnica de impressão de sinetes já era conhecida dos chineses muito antes da descoberta da imprensa na Europa.

٨١ 79
حتى إذا أغمرتني مواهبه وأطال ذيلي ذهبه تلطفت في الارتحال على ما
نرى من حسن الحال فقال لقد نقلت له فشكر المتاح لك لقيان البيع الكريم
والانفلات من ضغطة الغريم فقال الحمد لله على سعادة الجد والخلوص
من الخصم الألد ثم قال أيما أحب إليك أن أحذيك من العطاء أم أتحفك بالرسالة
الرقطاء قلت املاء الرسالة أحب إلي فقال وهو حقك أخف علي فإن
ملحه ما يلج في الآذان أهون من نحلة ما يخرج من الأردان ثم كاد أنف
واستنجى فجمع لي بين الرسالة والجدي ففرقت منه بسهمين وفصلت عنه بغنمين
وأبت إلى وطني قرير العين
بما حزت من الرسالة والعين

Mil anos antes de Jesus Cristo, aconteceu uma verdadeira revolução: a invenção do alfabeto. Não foi um fato inesperado, mas uma longa história. Em sua origem, os fenícios, que emigraram para as margens oeste do Mediterrâneo, para o norte da África, o sul da Espanha, a Sicília, a Sardenha, Chipre, e também para a Grécia e a Itália.

CAPÍTULO 3

A REVOLUÇÃO DO ALFABETO

A escrita árabe e a latina estão na origem de numerosos alfabetos. (Página da esquerda) Este texto árabe do século XIII, do poeta Al-Hariri, é lido da direita para a esquerda. E esta inscrição romana do século II, da esquerda para a direita.

A escrita cuneiforme, os hieróglifos e os caracteres chineses têm em comum transcrever palavras e sílabas. Saber ler e escrever, nesses sistemas, consiste em conhecer um grande número de signos ou de caracteres.

No século XIV a.C., em Ugarit, próximo a Biblos, na Síria, existia uma escrita cuneiforme que utilizava apenas 22 signos, todos consoantes. As vogais, não especificadas, eram estabelecidas de acordo com a fisionomia das palavras. Tudo isso permite supor tratar-se, de fato, da primeira escrita alfabética.

Completamente diferente é o funcionamento do alfabeto, que permite, a princípio, com cerca de trinta signos, escrever tudo. Todavia, não é tão simples assim, pois as 23 letras do nosso alfabeto não reproduzem todos os sons... daí os problemas cruciais encontrados pelos estudantes no aprendizado da ortografia! Mesmo assim, 23 letras são muito menos do que os mil caracteres que o chinezinho tem de registrar, menos que as algumas centenas de hieróglifos da criança egípcia e muitíssimo menos do que os seiscentos signos cuneiformes do aluno-escriba da Mesopotâmia. Por essa razão, muitos pensam que o aparecimento do alfabeto marca verdadeiramente o início da democratização do saber.

A inscrição desta pedra (à esquerda) descoberta na Sardenha, e que parece remontar ao século IX a.C., é um testemunho da expansão geográfica do primeiro alfabeto não-cuneiforme, que surgiu na Fenícia por volta de 1200 a.C.

O primeiro modelo de alfabeto, o dos fenícios, ignora as vogais

Os gregos possuíam um sistema de escrita, no segundo milênio a.C., que desapareceu, por volta de 1100 a.C., quando sua cultura foi destruída pelas invasões dóricas. Três ou quatro séculos mais tarde, a escrita fenícia espalhou-se pela Grécia. Ignora-se de onde vêm esses signos, encontrados gravados em fragmentos de barro. Mas é possível, e mesmo verossímil, que tal alfabeto provenha de transformações sucessivas de certos signos cuneiformes, ou mais provavelmente ainda da escrita demótica do antigo Egito.

Este baixo-relevo do palácio de Sargão II (722-705 a.C.) em Khorsabad, no Iraque, representa comerciantes fenícios transportando toras de madeira em um curso d'água. Segundo Heródoto, que viveu entre 484 e 425 a.C. e que se fez intérprete de uma opinião mais antiga, os fenícios teriam transmitido a arte da escrita aos povos do Mediterrâneo.

Tem-se certeza é de que o alfabeto fenício era composto somente de consoantes, isto é, no sentido próprio, de sons ou fonemas que só existem na língua falada no momento em que "soam", ou, melhor dizendo, são ouvidos ao lado das vogais. Era próprio das línguas semíticas, como o hebraico e o árabe, possuir pouquíssimas vogais.

Os fenícios, que eram sobretudo comerciantes e navegadores, comerciavam com todos os povos do

perímetro do Mediterrâneo oriental. E foi por causa de suas transações comerciais que tornaram seu alfabeto conhecido nessa parte do mundo.

Dois novos alfabetos aparecem e servirão para redigir o Antigo Testamento...

Cinco séculos mais tarde, por volta do século VIII a.C., foi encontrado em cidades da atual Síria — então chamada País de Arão — um alfabeto "aramaico" (ou arameu) semelhante, em alguns detalhes, àquele utilizado pelos fenícios.

A escrita e a língua aramaicas terão uma importância capital em nossa História, pois será com elas que serão escritos certos livros do Antigo Testamento. Porém, a maior parte dessa obra nos foi legada em uma língua cujos vestígios escritos mais remotos remetem a 700 a.C.: o hebraico.

Em sua forma primitiva, tal escrita não possui vogais e é lida, como o aramaico, da direita para a esquerda. Com pequenas diferenças, trata-se da mesma língua usada hoje como oficial em Israel.

O antigo hebraico, chamado "hebraico quadrado" — por seus signos obedecerem à forma de um quadrado —, sofreu poucas transformações no decorrer dos séculos. A escrita hebraica comporta, a par de letras "maiúsculas" — aquelas gravadas nos monumentos e copiadas nos rolos sagrados da Bíblia —, letras "cursivas", empregadas no dia-a-dia.

O "hebraico quadrado" só possui consoantes, é lido da direita para a esquerda e parece originar-se do aramaico. Ao lado, um fragmento do ritual da véspera da Páscoa, datado do século XVI. Ligeiramente modificado, o "hebraico quadrado" é usado de modo perceptivelmente idêntico, ainda hoje, em Israel.

Estes fragmentos de rolos foram encontrados em 1949 nas grutas de Qumran, às margens do mar Morto. Na primavera daquele ano, um pastor da tribo beduína dos Ta'âmireh procurava um de seus animais, desgarrado, no meio dos rochedos e dos vãos da falésia, quando descobriu a "primeira gruta com manuscritos", onde se encontravam rolos de pele envoltos em panos de linho, lacrados com betume e colocados em jarros de barro com tampa. Chamados "Manuscritos do mar Morto", eles contêm textos bíblicos e comentários da Bíblia escritos por membros da seita dos essênios, em hebraico e em aramaico.

A escrita hebraica servirá, alguns séculos mais tarde, para transcrever uma outra língua falada pelos judeus da Europa central, o iídiche, bastante distante do hebraico, porque composto principalmente de palavras de origem germânica e eslava; o que faz com que os especialistas digam que a escrita é uma realidade em parte independente da língua (somente em parte!).

As escritas árabe e hebraica, ainda hoje em uso, beberam das mesmas fontes

Com toda a certeza, a história da escrita é uma história de família. Tanto a escrita árabe quanto a hebraica são originárias do alfabeto fenício. Como? Em conseqüência de quais peripécias? Pouco se sabe, pois a filiação que permite passar da escrita fenícia à escrita árabe continua uma das mais obscuras. O que parece certo é que na aurora da nossa era as populações do norte da Arábia, os nabateus, faziam uso de uma escrita que não era mais fenícia, porém ainda

não era árabe. Também é certo que as primeiras inscrições propriamente árabes sejam datadas de 512-513 d.C. Em 622, o profeta do islamismo, Maomé, deixou Meca para se refugiar em Medina. Essa data marca o início da Hégira, isto é, da era muçulmana. Cerca de dez anos antes, os primeiros textos do Alcorão, o livro sagrado dos muçulmanos, teriam sido ditados a Maomé por Alá, e transcritos na escrita árabe, por volta do ano 650; isso significa dizer que tal escrita é ligeiramente anterior ao islamismo, mas que foi graças à rápida e prodigiosa extensão deste no mundo que a escrita árabe (a escrita mais que a língua) se propagou. O norte da África, a Ásia Menor, a Índia e a China oriental, territórios conquistados pelo Islã, vão adotar tal escrita. E, se o Ocidente cristão não tivesse repelido o domínio mouro na Europa meridional, talvez, hoje, a Europa ocidental inteira escrevesse em caracteres árabes.

Bíblia — Antigo e Novo Testamentos —, Alcorão, os vocábulos escrita e escritura adquirem conotação sagrada

Os cristãos, quando falam em Escritura ou Escrituras, designam seus livros santos. O mesmo acontece com o Alcorão: a escrita é em si mesma "escrita de Deus"; também o eram os hieróglifos para os antigos egípcios. Ela é reverenciada mesmo sem ser lida ou compreendida. E, hoje ainda, nas escolas alcoranistas dos países da África ou da Ásia onde se falam outras línguas, o Alcorão é ensinado na escrita árabe original.

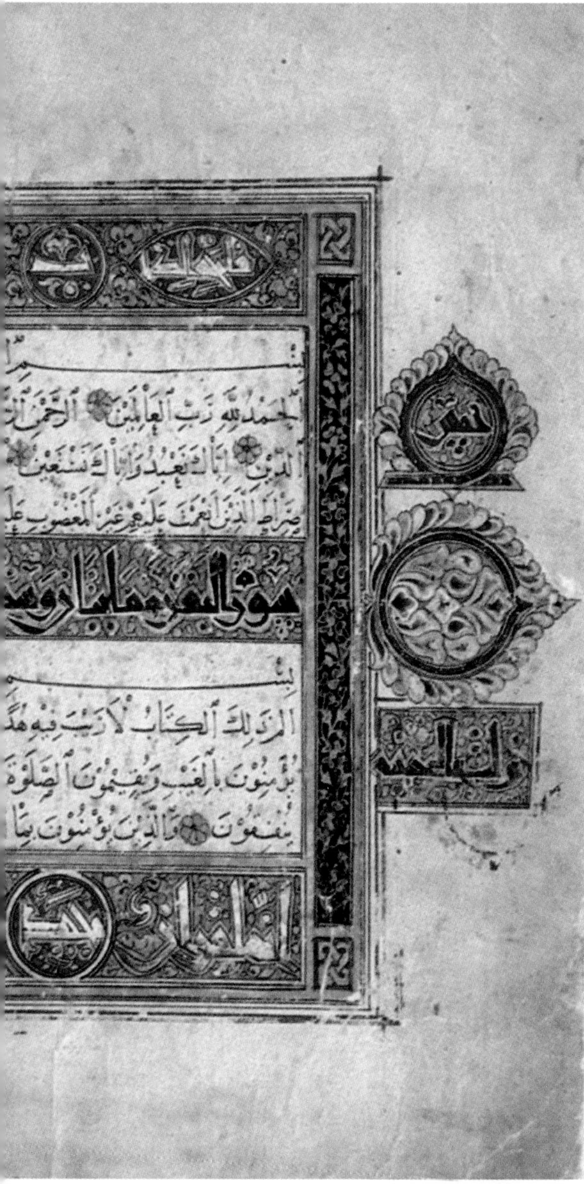

Para os muçulmanos, a escrita possui caráter sagrado, e o profeta Maomé (Muhammad) ditou a palavra de Deus sem intermediário; ele é o verdadeiro "porta-voz" do Deus Todo-Poderoso. Diferentemente dos manuscritos persas, nos quais aparecem personagens, como ilustra este manuscrito (página à esquerda) que data do século XVI d.C., a transcrição do Alcorão, o livro santo dos muçulmanos (ao lado), respeita ainda hoje os princípios religiosos de seu primeiro redator, 'Uthman, o terceiro califa do Islã. Eles proíbem a figura de Alá e de Maomé. Em compensação, as iluminuras das letras árabes realizadas pelos calígrafos existem em abundância.

Por motivos religiosos, entre outros, a escrita árabe conhecerá tamanho desenvolvimento que servirá para transcrever o persa. Todavia, o persa, língua do atual Irã, é uma língua indo-européia da mesma família do latim e do francês, não tendo nada em comum com o árabe, língua semítica.

No decorrer dos séculos, a caligrafia árabe produzirá obras-primas de diversidade fascinante

Assim como o hebraico, o árabe é escrito e lido da direita para a esquerda e não possui vogais. Compreende 18 letras, que, associadas a pontos, perfazem um total de 29. Na escrita cursiva, os caracteres ligam-se uns aos outros.

O espírito próprio da escrita árabe, porém, é sua capacidade de se prestar a inúmeras formas, a prodigiosas metamorfoses. A religião muçulmana, ao proibir representar o rosto de Deus ou o do Profeta, fez com que a escrita se tornasse o elemento decorativo essencial das mesquitas e de todos os outros monumentos.

Este caligrama do século XIX, em escrita árabe, é uma "bismala". Esse motivo da caligrafia religiosa árabe significa "em nome de Alá, o clemente e misericordioso". No corpo do pássaro, figura um versículo do Alcorão celebrando o Paraíso.

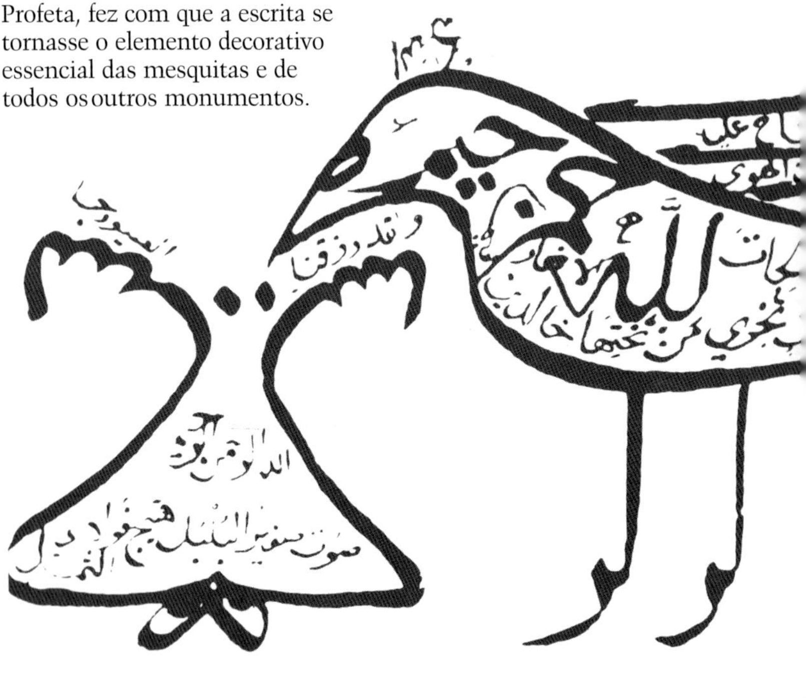

Este detalhe da decoração da mesquita do Domo da Rocha, em Jerusalém, constitui uma outra forma de "bismala". A caligrafia árabe está repleta dessas letras inscritas em um quadrado de mosaico, geralmente de cor azul, transcrevendo os 99 nomes de Alá.

Ela é a base fundamental da arte dos "arabescos". A caligrafia árabe conheceu, até nossos dias, estilos de variedade infinita, de fantasia ilimitada, desde o cófico, da cidade de Cofê, no Iraque, até os modernos "caligramas" de Hassan Massoudy. Sabe-se hoje que nas regiões situadas

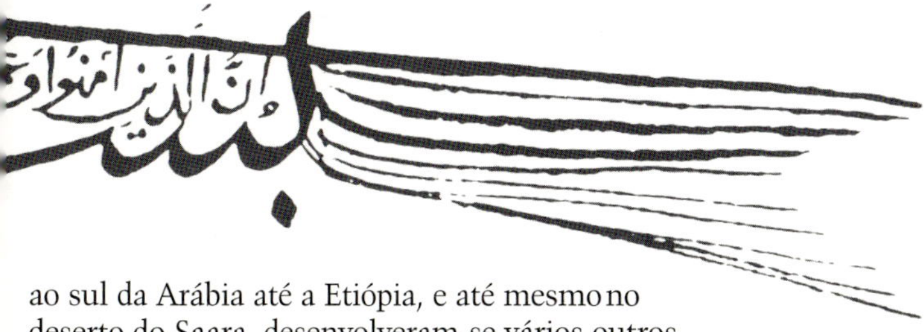

ao sul da Arábia até a Etiópia, e até mesmo no deserto do Saara, desenvolveram-se vários outros tipos de escrita, seguramente originários da escrita fenícia, a maioria deles já desaparecida. Subsistem somente a escrita etíope e a dos tuaregues — o *tifinagh* —, que se distingue pela forma bastante geométrica de seus caracteres. Fato raro em toda a história da escrita: o *tifinagh* é atributo das mulheres.

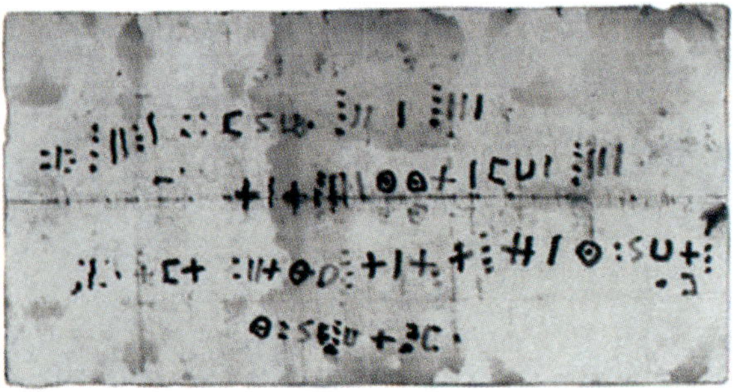

A sociedade tuaregue é matriarcal: ali como em outros lugares, escrever é possuir um certo poder.

Tomadas por empréstimo pelos gregos, consoantes do alfabeto aramaico vão desempenhar o papel de vogais

Todas essas escritas quase diretamente derivadas da escrita fenícia só possuem consoantes. Quando o leitor aprende a ler, deve aprender a vocalizá-las. Isto não constitui um problema intransponível para as línguas semíticas, pobres em vogais, mas não convém a uma língua como o grego, que comporta um grande número delas.

Às portas do século VIII a.C., quando, no Egito, escreve-se ainda em hieróglifos, e na costa da Palestina são utilizadas, há mais de dois séculos, escritas "alfabéticas", mais ao norte, na Grécia, fala-se uma língua muito diferente e que os alfabetos existentes não são capazes de transcrever. Então, os gregos têm uma idéia simples e genial, a fim de registrar suas vogais: a de tomar emprestado do alfabeto aramaico vários signos que representam consoantes que não existem na língua grega. Assim nasceram: A (alfa),

Esta carta recente em *tifinagh* (página à esquerda), escrita por uma jovem tuaregue a um francês, é um exemplo vivo da longevidade de um alfabeto inspirado no fenício.

Esta tradução em grego de um discurso do imperador Nero sobre a liberdade dos gregos atesta a influência da cultura grega sobre a romana após a anexação da Grécia ao Império Romano em 146 a.C. O alfabeto grego foi assimilado, com algumas modificações, pelo povo fundador de Roma. As letras A, B, E, Z, I, K, M, N, O, T, X e Y foram adotadas quase sem modificação; os caracteres gregos foram remodelados para formar as letras C, G, L, S, P, R e D; ao passo que as letras V, F e Q, que caíram em desuso na língua grega, foram reabilitadas pelos romanos.

E (epsílon), O (ômicron), Y (ipsilon). Quanto ao I (iota), foi uma inovação.

Este resumo não consegue expor todos os meandros da História; todavia, lá pelo século V a.C., o alfabeto grego já existia, comportando 24 signos ou letras, sendo 17 consoantes e sete vogais. Sabe-se também que esse alfabeto pode ser escrito em letras "capitais", ou maiúsculas, e letras minúsculas. As maiúsculas eram usadas mais freqüentemente para gravar sobre pedra, ao passo que as minúsculas eram utilizadas para escrever sobre papiro ou sobre placas de cera. Na verdade, os gregos inventaram espécies de "ardósias", placas recobertas por uma camada de cera, sobre as quais os alunos desenhavam as letras com um buril, um estilete ou ainda um estilo (espécie de ponteiro), podendo ser apagadas.

No século XI, era moda, na Itália medieval, redigir textos oficiais em grego. Aqui, um tratado de pesca, caça e trabalhos rurais. No manuscrito, são encontrados ligamentos entre as letras, familiares aos copistas da Idade Média.

Como os egípcios, os gregos usavam também um material menos caro, utensílios de barro não polidos nem envernizados. Foram encontradas numerosas peças, das quais as *ostraca* revelavam um costume muito próprio da democracia grega: o "ostracismo". O nome dos cidadãos julgados indesejáveis era inscrito em pedaços dessa louça e, em seguida, colocados dentro de uma urna. Quando um ateniense era alvo de menções por demais freqüentes, era condenado ao exílio.

Nossa cultura deve tudo, ou quase tudo, à civilização grega, inclusive seu alfabeto

Com a escrita grega, surge, a partir dos séculos V e IV a.C., uma das mais ricas literaturas de todos os

A escrita grega conhecerá, graças ao cristianismo, grande difusão e será a origem de quatro famílias de escritas: pelo glagolítico, o cirílico; pelo armênio, o georgiano; pelo etrusco, o latim; enfim, a escrita copta, a dos cristãos do Egito, que transcrevia "modernamente" a língua dos antigos egípcios e coexistia com o árabe. Este manuscrito de 1356 d.C., redigido em língua copta, comporta sua tradução árabe.

tempos, representada por todos os gêneros: poesia, teatro, prosa, história, filosofia. Somos herdeiros dela, como também o somos de sua escrita, causa principal de seu aparecimento, pois, se essa escrita permitiu o nascimento de escritas complicadas — copta, armênia ou geórgica —, é dela também que se origina o alfabeto latino, isto é, o nosso... ou quase, porque aí também a História fica nublada e as certezas, frágeis...

Sabe-se que os gregos foram grandes navegadores, navegaram em torno do Mediterrâneo e é provável que tenham transmitido sua escrita aos etruscos, habitantes do que hoje é a Toscana.

O "mistério etrusco" só faz aumentar o mistério de nossa herança grega

Artesãos de uma das civilizações mais ricas da Antigüidade, os etruscos deixaram sobre as paredes de seus túmulos pinturas admiráveis e esculturas de uma beleza e de uma modernidade estonteantes. Também foram encontradas inúmeras inscrições com signos semelhantes aos da escrita grega. Infelizmente, a língua dos etruscos ainda continua hermética para nós, a tal ponto que se fala em "mistério etrusco".

Reis etruscos reinaram sobre Roma até o século IV a.C., data em que as populações que ocupavam a região do Lácio os expulsaram. Os conquistadores latinos, futuros romanos, tiveram, então, que tomar emprestado o alfabeto etrusco, a fim de adaptá-lo à sua língua, o latim. Mas são só hipóteses. Certos autores pensam que o alfabeto latino teria vindo diretamente do alfabeto grego, sem passar pela escrita etrusca... A verdade é que, por volta do século III a.C., foi criado um alfabeto latino de 19 letras, sendo o X e o Y provavelmente anexados por volta do século I a.C., na época de Cícero. Os romanos escreviam à moda dos gregos, porque usavam as

Desde o século III a.C., a letra lapidar floresce sobre os monumentos do Império Romano. A *quadrata monumentale* romana é obra do buril e do cinzel, tanto quanto da sombra e da luz. São sempre letras capitais. Bastante "quadrada" em seus primórdios, a *quadrata*, com suas hastes grossas, continuará por muito tempo fiel a seu aspecto monumental. Ainda hoje, é o protótipo universal das inscrições sobre monumentos.

De onde vem o alfabeto etrusco cujos signos marcam este vaso? Do alfabeto de Cumes, colônia grega de Campânia, ou do modelo grego da Beócia? A descoberta de uma escrita idêntica, na ilha de Lemnos, datada do século VI, fez reacender o debate: poderia ser uma importação etrusca no mundo egeu.

ROMVLVS·MARTIS
FILIVS·VRBEM·ROMAM
CONDIDIT·ET·REGNAVIT·ANNOS
DVODEQVADRAGINTA·ISQVE
PRIMVS·DVX·DVCE·HOSTIVM
ACRONE·REGE·CAENINENSIVM
INTERFECTO·SPOLIA·OPIMA
IOVI·FERETRIO·CONSECRAVIT
RECEPTVSQVE·IN·DEORVM
NVMERVM·QVIRINVS
APPELLATVS·EST

maiúsculas para as pedras e as minúsculas para outras bases, papiro ou placas de cera.

A gravura sobre pedra exigia um minucioso trabalho de preparação. Em função do número de palavras e da superfície a ser preenchida, era necessário determinar o tamanho das letras.

Este casal de pompeanos é célebre. A esposa de Terêncio Neo segura nas mãos um estilete e placas de cera. Terêncio Neo segura um rolo de papiro — ou *volumen* — sobre o qual se escrevia com um pincel. Mas era com o buril (usado desde a mais remota Antigüidade em diversas formas) que os romanos escreviam com mais freqüência. Assim, imagina-se que Tiro, secretário de Nero, utilizava estilete e placas de cera para "estenografar" os discursos do grande orador. Uma das pontas de seu estilete de bronze era pontiaguda, dando ao traço uma espessura constante. A outra, achatada como uma espátula, permitia apagar e recomeçar.

O gravador começava por "calibrar" seu texto, sem dúvida, sobre um rolo de papiro; ele devia traçar com giz, em seguida, as linhas indicadoras do limite superior e da base das letras (como fazem hoje os pintores de anúncios). Depois, as letras eram desenhadas a carvão entre as linhas já feitas, para, enfim, serem pintadas. Somente então podia começar o entalhe a cinzel.

Nos séculos II e III d.C., surgem a "nova escrita comum" e a "uncial", que vão ser transmitidas, até as portas do ano 1000, a todas as regiões da Europa onde vivem os romanos e onde se escreve o latim.

Tão espantoso quanto possa parecer, é bem provável que as escritas indianas tenham as mesmas origens do nosso alfabeto

Desde o século III a.C., existem, na península da Índia, duas escritas principais: a escrita dita kharosti e a escrita brahmi, às quais devem ser acrescentadas diversas variantes, que transcrevem o número incontável de línguas faladas nesse país imenso.

A escrita brahmi encontra-se na origem da escrita devanagari, com a qual escreve-se a língua sagrada de uma grande parte da Índia — o sânscrito —, assim como uma das línguas mais correntes — o híndi. Ora, a escrita brahmi, totalmente alfabética, compreende consoantes e vogais, o que leva os historiadores a pensar que tais línguas não nasceram naquele lugar, mas constituem transformações do alfabeto fenício.

É verdade que a Índia, particularmente o vale do Indo, era um lugar de passagem, de comércio, entre os povos do Mediterrâneo oriental e os habitantes da península. Estes últimos faziam numerosos contatos com a Arábia, a costa fenícia e mesmo a Grécia.

Neste fragmento de "livro", encontrado no sul da Índia, pode ser lida na língua tâmil a epopéia de "Kambaramayanam". Esta escrita é uma variante da escrita brahmi; possui consoantes e vogais e é lida da esquerda para a direita. Todavia, o mais curioso é sua base: placas, tiras de bambu, ligadas por cordões e articuladas, sobrepondo-se umas às outras e abrindo-se para serem lidas.

Houve também, como se sabe, a prodigiosa expedição que Alexandre, o Grande, conduziu às margens do Indo, em 326 a.C. Enfim, convém não esquecer que as línguas da Índia, em particular o sânscrito, pertencem à família indo-européia. Esses dois elementos reforçam a tese de uma origem comum.

Este cânon mongol (ao lado), impresso em letras vermelhas por ordem do imperador K'ang-Hi, em Pequim, no século XVII, é um livro de alto luxo. A capa é coberta de seda.

Quatro séculos antes de nossa era, os indianos já eram excelentes gramáticos

Panini, um indiano nascido em Salatura, considerado o primeiro gramático lingüista, soube "descrever", no século IV a.C., o funcionamento preciso das consoantes e das vogais da língua dos deuses, o sânscrito; o que explica, em parte, o fato de que as escritas indianas sejam integralmente

O texto desta pedra esculpida, encontrada no Nepal, consiste em uma série de preces budistas. Sua escrita é tibetana, derivada da devanagari.

alfabéticas e revelem uma fonética bastante estruturada.

As línguas importantes da Índia, lidas da direita para a esquerda, compreendem uma vogal principal, o A. A maioria delas organiza-se em torno de uma "trave", espécie de grande barra horizontal que une as letras entre si, acima de uma linha imaginária. Essa grafia particular confere-lhes uma notável beleza plástica.

Tendo como modelo as escritas da Índia, foram formadas, por meio de processos complexos, as escritas atualmente em uso no Tibete e em inúmeros países do Sudeste Asiático: Laos, Tailândia, Camboja e Mianmar.

A do Vietnã é um caso à parte. Os caracteres latinos foram introduzidos nos séculos XVII e XVIII pelos jesuítas portugueses, que acharam mais fácil evangelizar essas populações cujas escritas diferiam de norte a sul se todos pudessem ler os mesmos caracteres. Inventaram, então, uma transcrição do vietnamita, a escrita *chu'quôc-ngu* (expressão que significa "caracteres da língua do país"), ou mais simplesmente *quôc-ngu*! Como as letras latinas não correspondiam à pronúncia do vietnamita, foi acrescentada uma quantidade de pontos e de acentos, ou, mais precisamente, de sinais "diacríticos".

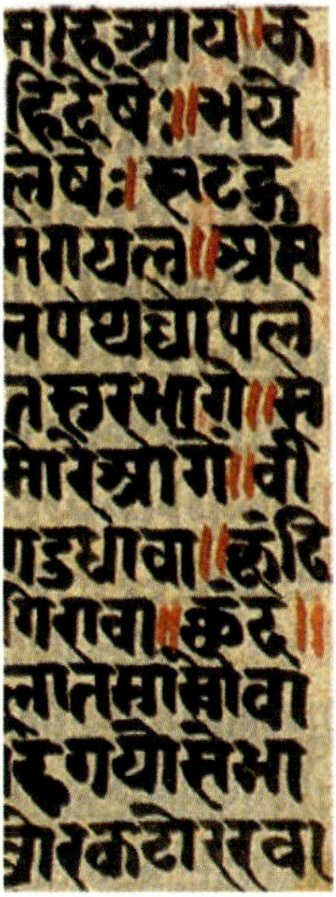

Este manuscrito indiano do século XIX está escrito em "nâgari", uma das línguas dentre as milhares de outras no mundo ditas "vernaculares", porque usada por um grupo humano restrito. *Nâgari* significa "da cidade", em sânscrito, e *devanagari*, "deus da cidade".

Contrariamente ao que nós, ocidentais, podemos pensar, a escrita não é a coisa mais compartilhada do mundo

No começo de nossa era, existiam, pois, em alguns lugares do mundo, sistemas de escrita. Em alguns lugares... mas não em todos os lugares! Em nossos dias, ainda restam muitas regiões do planeta onde não se conhece a escrita. Os lingüistas enumeraram, aproximadamente, três mil línguas distintas sobre a Terra e concordam que apenas uma centena delas são transcritas. E é bom lembrar também que um em cada dois indivíduos de mais de 20 anos não conhece, mal conhece ou não conhece mais o uso da escrita.

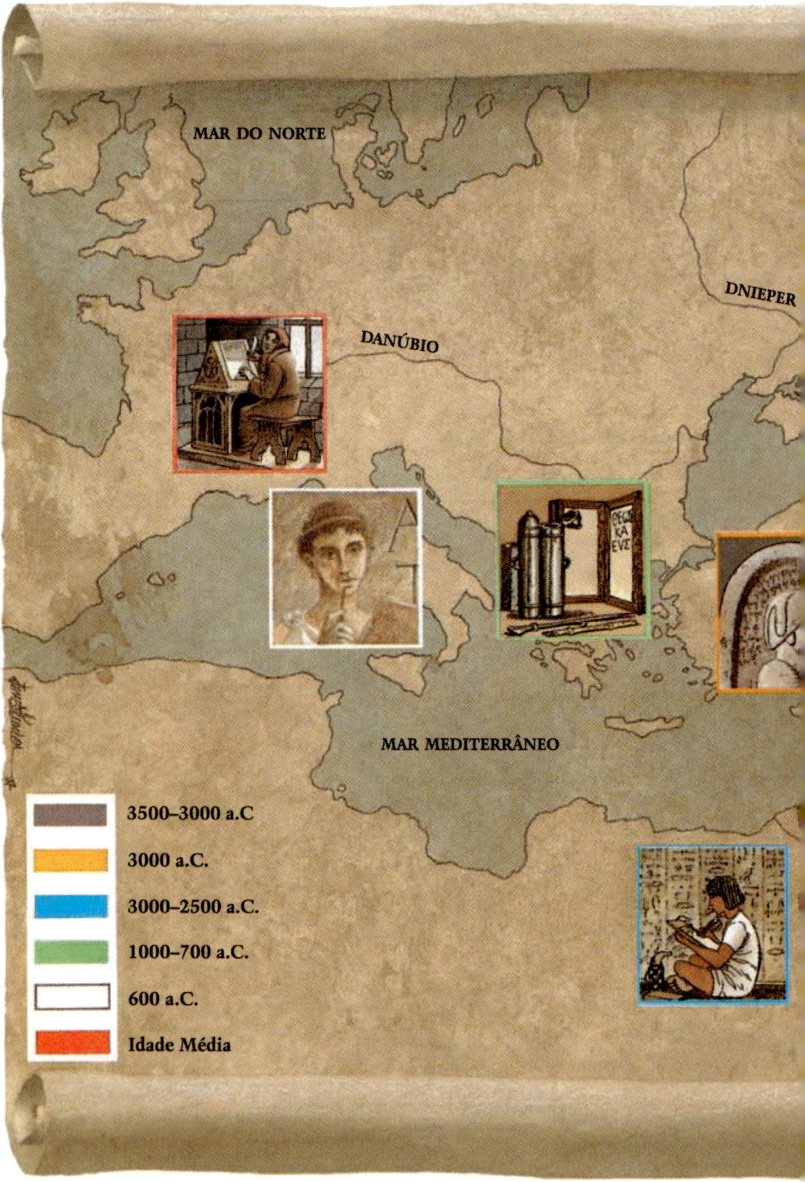
MAR DO NORTE
DANÚBIO
DNIEPER
MAR MEDITERRÂNEO
3500–3000 a.C
3000 a.C.
3000–2500 a.C.
1000–700 a.C.
600 a.C.
Idade Média

Estas datas abaixo são indicativas. Na realidade, o aparecimento das escritas confunde-se freqüentemente.

3500 a 3000 a.C.
Na Suméria, é a hora de Uruk. Nascem os pictogramas para escrever os algarismos. Na China, a escrita passa dos pictogramas aos ideogramas e fonogramas.

3000 a.C.
A Índia conhece um desenvolvimento paralelo. Sua proto-escrita em placas de cobre faz suas primeiras aparições.

3000 a 2500 a.C.
Às margens do Nilo, é elaborada a "escrita dos deuses", os hieróglifos.

1000 a 700 a.C.
O alfabeto fenício dá à luz o grego e seu moderno alfabeto vocalizado. Os arameus, dispersando-se para o leste, são os precursores das escritas hebraica e árabe.

600 a.C.
Roma torna-se o centro de atração tanto para os etruscos quanto para os gregos. O latim aparece pela primeira vez sobre a "pedra negra" do Fórum.

Idade Média
As escritas carolíngia, gótica e humanística escrevem o latim na Europa ocidental, enquanto o alfabeto cirílico, originário do grego, nasce mais a leste.

Junto com sua civilização, os romanos legaram aos gauleses sua língua, o latim. E, com sua língua, sua escrita. Cinco séculos mais tarde, Carlos Magno consagra-se, sem reservas, à causa da cristandade, herdeira da civilização romana. Esforça-se para fazer reviver um saber e uma cultura que estavam a ponto de desaparecer de uma Europa há muito dominada pelos bárbaros.

CAPÍTULO 4

DOS COPISTAS AOS IMPRESSORES

Nos monastérios da Idade Média instala-se, por longo tempo, a prática de uma escrita sagrada, bem alinhada, igualada em altura à imagem da serenidade daqueles que a desenhavam e do cenário de suas vidas.

Durante séculos, quem escrevia na Gália só o fazia em latim. E, quando o cristianismo se propaga, é ainda em latim que se escreve e, sobretudo, se copia.

Em 842, o juramento de Estrasburgo marca, pela primeira vez, o aparecimento de línguas vulgares em um documento oficial. Dois dos netos do imperador Carlos Magno, Carlos, o Calvo, e Luís, o Germânico, juram fidelidade contra um terceiro neto, Lotário, por meio desse tratado, pronunciado e escrito em língua tudesca (antigo alemão) e em língua românica (antigo francês). Porém, durante muito tempo ainda, a escrita românica fará somente tímidas aparições diante do latim.

Os copistas "laicos", algumas vezes, se permitiam o direito a encantadoras fantasias. Assim, para aquele que copiou, em meados do século XV, esta coleção de canções de amor, o livro deveria ter a forma de um coração.

Durante mais de mil anos, a escrita será o apanágio dos monges

Raros são os laicos que dominam a escrita. Por conseguinte, nem Carlos Magno, que foi sem dúvida o homem mais poderoso da Europa ocidental nessa época, sabe escrever. Ele assina os atos do império com uma cruz, impressa nos sinetes que um de seus escribas preparou.

Contrariamente aos escribas da Mesopotâmia ou do antigo Egito, os monges copistas da Idade Média européia não criam nem são homens de poder: escrevem, mas não têm poder de criação, não inventam, ou, por outra, sua criação situa-se em um plano totalmente diferente, qual seja: o da elaboração, sobretudo a partir do reinado de Carlos Magno, de uma arte deslumbrante, a da caligrafia. Essa bela escrita "manuscrita" (feita à mão), ornada de maravilhosas iluminuras, valoriza sobremaneira nossos primeiros livros, exatamente os "manuscritos".

Os antigos escribas, por exemplo aqueles que copiaram os textos da Bíblia, escreviam em rolos de papiro, chamados *volumen* em latim. Esses *volumen* ofereciam muitos inconvenientes: o papiro

A composição de uma letra pintada com iluminuras passava por várias etapas: primeiramente, um traçado a lápis de todos os elementos do "quadro" (letra, cenário, personagens); depois, uma passagem de tinta antes da aplicação da douradura e a inserção dos toques de cores entrelaçadas e sublinhadas de tons sombrios. A cor vermelha, largamente utilizada, era obtida pela mistura de mínio e de clara ou gema de ovo, que proporciona um brilho lustrado. Do uso do mínio derivam os termos: "miniatura" e "miniaturista".

lectio
NOVI:PRO
CVRATORIS
MAGISTRI:IO
HANNIS:DE
VENDEVIL
DEGVISIA:IN
THERASSIA
ORIVNDI:DIO
CESI:LAVDV
NENSIS
BUREAU DES ARCHIVES

Este manuscrito intitulado *Phénomènes* (Fenômenos) é uma versão carolíngia de um poema do autor grego Aratus, que vivia na Ásia Menor por volta de 300 a.C. Trata-se de um texto "astronômico", enumerando as constelações celestes, suas respectivas posições, o brilho mais ou menos intenso que possuem, sua relação com os 12 signos do zodíaco etc. Foi traduzido por Cícero na juventude. Hugues Grotius completou com versos de sua autoria essa tradução incompleta; enfim, Julius Hyginus acrescentou curiosas figuras, preenchidas de *capitalis rustica* que o artista saxão traçou, o mais das vezes, em vermelho mínio ou em marrom, mas também em tons azulados e em diversos tons de cinza.

PERSIUS

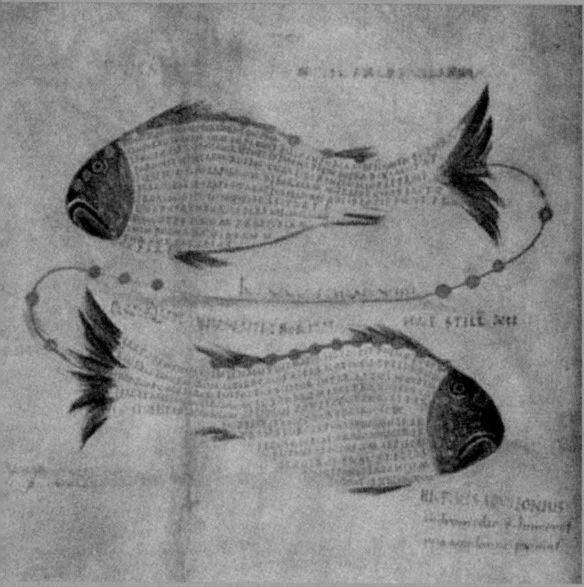

As 25 estampas deste manuscrito apresentam sucessivamente personagens mitológicos, entre os quais se encontram Perseu, a hidra, animais fabulosos, pássaros, peixes, uma águia, um golfinho e um cachorro; objetos como um navio, uma lira, o signo delta e, finalmente, planetas. Apesar de o emprego da palavra ser anacrônico, pois Apollinaire será seu inventor dez séculos mais tarde, são estes os primeiros "caligramas", isto é, textos que "vestem" exteriormente representações de seres vivos ou de objetos inanimados. Estes encontram-se como que desenhados em um viveiro de letras, mais ou menos como nas colagens de Braque e de Picasso. E o mais simples anúncio publicitário que, em nossos dias, recorre ao processo fotográfico banal da superposição de um texto com uma imagem ignora, sem dúvida, o empréstimo feito a essas velhas iluminuras de mil anos.

era muito caro; além disso, bastante frágil, só uma de suas faces podia ser utilizada, devendo ser pouco manipulado; enfim, transportar rolos escritos não era coisa fácil.

Para o pergaminheiro, o trabalho do "polimento" era essencial. Ele escolhia, de preferência, a superfície externa da pele, cujas fibrilhas, mais compactas, suportavam melhor a raspagem da lâmina. A superfície interna apresentava o inconveniente de "desfiar" na passagem do cutelo e da pedra-pomes.

Sem a invenção do pergaminho, a arte sublime da iluminura não teria jamais conhecido tal brilho

A generalização de uma nova base, o pergaminho, vai modificar completamente a arte de escrever e a arte de ler. Tal invenção parece encontrar sua origem em Pérgamo, na Ásia Menor. A palavra "pergaminho" vem do grego *pergamênê*, que significa "pele de Pérgamo". Durante o século II a.C., quando o Egito recusava a Pérgamo, sua rival, o fornecimento do indispensável papiro, os escribas da Ásia Menor foram obrigados a recorrer a um outro material — o couro. Reivindicaram, então, a invenção do pergaminho. Contudo, parece que a pele de animal já era utilizada, em tempos mais remotos, precisamente pelos egípcios.

Em geral, o pergaminho é uma pele de carneiro, bezerro ou cabra, mas a gazela, o antílope e mesmo o avestruz já forneceram essa matéria-prima. Entretanto, as peles de carneiro e de bezerro levam vantagem por poder suportar a escrita dos dois lados.

Esta interpretação de um pintor do século XVIII, da escola holandesa, atravessa séculos de escrita: ela reproduz o manuscrito de um copista anônimo da Idade Média que, devotamente, transcreveu a Bíblia (a Vulgata) de São Jerônimo, pai e doutor da Igreja, que, no século IV, revisou a Sagrada Escritura e a traduziu do aramaico para o latim. A página da direita do manuscrito está decorada com uma iluminura. A da esquerda possui uma ilustração de página inteira representando um Cristo majestoso.

O velino é um pergaminho de qualidade superior, obtido do tratamento da pele de bezerros recém-nascidos ou natimortos. Seu nome vem do francês arcaico *veel*, vitelo (bezerro). Sua principal qualidade é de não *beber* (não absorver) a tinta ou a pintura, e melhor conservar o colorido original. Sem dúvida alguma, essas são as razões pelas quais as mais belas iluminuras foram realizadas sobre velino.

O inadequado papiro cede lugar às folhas de pergaminho reunidas à maneira dos códices romanos: nasce o livro

Para fabricar o pergaminho, as peles eram mergulhadas em um banho de cal; em seguida, retirada a cal, eram limpas de qualquer vestígio de pêlo e de carne. Antes de colocá-las para secar sobre grades, eram polvilhadas de gesso, que absorvia os restos de gordura, depois do que eram, novamente, raspadas com uma espátula.

O importante era que o curtimento fosse executado de maneira perfeita, sem o que o pergaminho guardava um odor insuportável. A primeira etapa do trabalho de um copista consistia em polir as folhas de pergaminho com a lâmina de uma faca ou com uma pedra-pomes, a fim de retirar manchas e asperezas e obter um polimento ligeiramente granulado que absorvesse a tinta sem deixar que ela se espalhasse demasiadamente.

O aparecimento do pergaminho trouxe com ele dois avanços decisivos: de um lado, permitiu a utilização da pena de ganso, que proporcionava possibilidades infinitamente mais variadas que o velho pincel de caniço; e, de outro, as folhas podendo ser dobradas e costuradas, chegava-se à generalização dos códices, ancestrais de nossos livros, constituídos de folhas sobrepostas e ligadas entre si.

A pena de ganso, escolhida entre os cinco primeiros remígios (penas mais compridas) de uma ave grande, de preferência da asa esquerda, é posta de molho por várias horas a fim de amolecer; em seguida, é seca e endurecida na areia quente. Aí, sim, pode ser talhada com o cutelo.

Desde os séculos IX ou X, toda abadia, todo monastério possuía um *scriptorium*

Geralmente situado próximo à biblioteca, o *scriptorium*, lugar onde eram copiados, decorados e encadernados os manuscritos, podia ser, conforme a ordem religiosa, uma sala à parte, chamada "calefatório" (sala do fogão), única peça aquecida, ou um conjunto de pequenas células individuais. Nos monastérios mais pobres, ficava instalado no claustro. Embora executasse certos trabalhos em pé, cada copista dispunha de um assento (um banco) e de uma escrivaninha às vezes giratória com plano inclinado duplo, para trabalhar com dois manuscritos à sua frente. Escrevia-se com o auxílio de uma pena de ganso, talhada simetricamente, mas de formas diversas,

de acordo com a grafia desejada. Cada copista podia cobrir, em média, quatro in-fólios por dia; o in-fólio dos pergaminhos equivalia a uma folha de 35 a 50cm de altura por 25 a 30cm de largura.

Uma organização sem falhas e uma divisão rigorosa do trabalho presidem o nascimento dos manuscritos

O tedioso trabalho de cópia só era interrompido para as preces. Se julgarmos pelos erros ortográficos e pelas disparidades de grafismos dentro de um mesmo manuscrito, iremos concluir que os copistas trabalhavam, aparentemente, no sistema de texto ditado e vários copistas na mesma obra... E, também, freqüentemente em colaboração com monjas. As comunidades mistas multiplicaram-se na Idade Média.

"Se não sabes o que é a escrita, poderás crer que a dificuldade é pequena, mas, se quiseres uma esplicação detalhada, deixa-me dizer-te que o trabalho é penoso: embaralha a visão, encurva as costas, esmaga o ventre e as costelas, aperta os rins e deixa todo o corpo doendo. [...] Como o marinheiro que volta, enfim, ao porto, o escriba rejubila-se, ao chegar à última linha. *De gratias semper.*"

Colofom de *Silos Beatus* (século XII).

Os noviços, os aprendizes e os iniciantes eram encarregados de traçar as linhas, "pautas", sobre as quais os copistas alinhavam as letras; numerosos manuscritos em que as pautas não foram apagadas subsistem ainda. Os iniciantes executavam também trabalhos comuns pouco minuciosos, trabalhos relativamente numerosos, na medida em que a cópia dos manuscritos era uma importante fonte de renda para os monastérios.

Calígrafos, iluminadores, miniaturistas e encadernadores: os monges copistas tornam-se artistas, e seus trabalhos, obras-primas

Os melhores calígrafos eram encarregados dos trabalhos sofisticados, encomendados, geralmente, por dignitários da nobreza ou do clero. Mas o talento desses artistas anônimos não era sempre compatível com a regra de ouro da humildade, e certos monges não escaparam à tentação da vaidade, reivindicando em seu próprio nome — como é devido — o que

Percebe-se sob as linhas escritas do pergaminho os traços sobre os quais o copista vai escrever as letras. O instrumento que ele segura na mão direita serve para traçar esses riscos. Alguns especialistas em escrita são capazes de descobrir, na simples leitura de um manuscrito, se o copista era canhoto, graças a seu *ductus* (traçado), a sua maneira de ligar as letras influenciada pelo talho da pena.

"Serão enviados [ao copista cartuxo] um tinteiro, penas, giz, duas pedras-pomes, dois ponteiros, um canivete, dois raspadores para raspar o pergaminho, um buril comum e um outro mais fino, um lápis de chumbo, uma régua, prancheta e um estilete."

Guignes le Chartreux, *Coutumes*.

estimavam como obra-prima. Assim, quando se tinha certeza de que um monge exibia seu virtuosismo de maneira por demais ostensiva, ele era obrigado a abandonar seu trabalho. Só era autorizado a retomá-lo quando se conscientizava de que sua arte fora posta somente a serviço de Deus e de sua ordem religiosa.

A decoração era obra de especialistas — os miniaturistas e os iluminadores. Artistas de gênio, eles eram capazes de executar não somente as "letras capitulares" em folhas de ouro que abriam cada parágrafo ou capítulo, mas também desenhos de flores, personagens, paisagens de cores vivas das miniaturas que ilustram os mais belos desses livros. O motivo era, primeiramente, esboçado com um buril; depois, os detalhes eram indicados com pena de ganso e tinta, utilizando-se, quando necessário, compasso, régua e esquadro. Os contornos em cor eram também executados com a pena; somente o "preenchimento" era feito com pincel fino.

Esta prancheta para escrever do século XI possui uma espécie de porta-penas no qual ficavam arrumadas as penas de ganso. É fechada por uma tampa ricamente decorada.

Se não fosse encontrado, entre os membros da comunidade, um artista capaz de executar com maestria esta ou aquela encomenda, o monastério alugava os serviços de um laico renomado por seu talento. Acontecia o mesmo com o *illigatorliborum*, o encadernador, encarregado também de fabricar a capa de couro e o fecho, em geral, finamente trabalhado.

Estas letras iniciais manuscritas na Alemanha, em meados do século XIII, representam os diversos estágios característicos da fabricação de um livro: entrega do pergaminho a um monge, traçado das linhas pelo escriba, aparagem das folhas de velino e execução de um retrato.

Este manuscrito do século VII, o *Traité de Saint-Hilaire* (Tratado de Santo Hilário), está escrito em letra uncial.

Até o reinado de Carlos Magno, os copistas gozavam de certa liberdade na escolha dos caracteres

Inicialmente, os monges utilizavam todas as letras do período romano: a "cursiva maiúscula", também chamada "uncial"; a "semi-uncial", uma letra menor e mais redonda; e ainda a "capitular", a "maiúscula quadrada" das inscrições dos monumentos; e, às vezes, também, uma capitular mais "rústica" usada nos monumentos votivos, a "rustiqua". Até a invenção da imprensa, a uncial designará as letras redondas da escrita à pena, em oposição às letras quadradas da escrita gravada dos monumentos.

Pouco após a subida de Carlos Magno ao trono, em 768, surge uma nova grafia inspirada, aparentemente, na semi-uncial: a "carolíngia". De clareza perfeita e de grande beleza formal, irá se propagar, ao longo dos séculos, por toda a Europa ocidental medieval. O reinado de Carlos Magno será marcado também por um enorme movimento de correção dos textos. As alterações sofridas, ao longo dos tempos, pelos textos originais eram incontáveis. A ignorância ou a negligência dos monges faziam com que se repetissem e aumentassem, de cópia em cópia, os erros, acabando por trair totalmente o sentido dos manuscritos. Carlos Magno decidiu reparar o erro, ordenando a realização de cópias novas, executadas com maior esmero, tomando por base fontes mais autênticas. Os manuscritos carolíngios, assim normalizados, levam a citação *ex authentico libro*, garantia de sua transcrição perfeita.

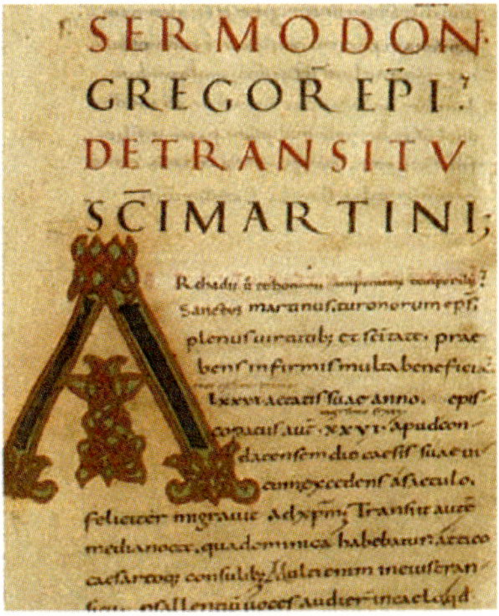

Com a escrita carolíngia, as maiúsculas são bem nítidas e regulares; as minúsculas, mais quadradas e mais finas do que as unciais. Este manuscrito latino de Sulpice Sévère é uma *Vie de Saint Martin* (Vida de São Martinho), datado do fim do século IX. A sobriedade da capitular ornada é bastante representativa dos manuscritos dessa época.

A secularização da escrita proporciona o aparecimento de novos artesãos

Em fins do século XII, o quase monopólio da Igreja em matéria de ensino vacila, e os escribas laicos que já colaboravam com os monges vão, pouco a pouco, se organizar em oficinas e guildas, redigindo os documentos oficiais da burguesia comercial nascente, mas também compondo livros. Até então, a edição de livros tinha por únicos

O iluminador (à direita), um laico, como era comum, recebe, em seu estúdio, a visita de um nobre protetor (mecenas). Seus instrumentos de trabalho estão dispostos diante dele. A maior parte dos toques dourados sobre as iluminuras resulta da fixação de uma folha de ouro muito fina sobre uma camada de revestimento, feito de uma mistura de gesso, açúcar e chumbo aplicada sobre a página e que seca ligeiramente na superfície. O revestimento deve ficar suficientemente flexível para dobrar com a página sem rachar e, misturado com água e clara de ovo, deixar a pena correr livremente.

destinatários e financiadores a nobreza e o clero. Obras de luxo para a nobreza e missais e manuais de teologia para o clero constituíam a totalidade das obras editadas. Esse domínio vai se expandir e surgem novas obras: tratados de filosofia, de lógica, de matemática ou de astronomia, ao passo que certos autores, como Dante, começam a redigir em sua língua materna, atingindo assim um grande público, instruído, sim, mas que não conhece o latim. Pela primeira vez, a burguesia tem acesso à literatura e à edição.

Foi em francês que Guillaume de Lorris e Jean de Meung escreveram, um após o outro, *Le Roman de la Rose* (O romance da rosa). À direita, uma página do romance; a vinheta que ilustra a coluna da esquerda da página representa o autor da segunda parte desse romance.

A demanda é tamanha que os artesãos mal conseguem dar conta dela

Para fazer face a tal demanda, as oficinas de escribas se multiplicam e a produção se diversifica. Dali para a frente, serão encontrados manuais de toda espécie: de culinária, de educação, de medicina, de astronomia, e também romances.

La Chanson de Roland (A canção de Rolando) e narrativas de amor cortês são objeto de numerosos pedidos. O cliente escolhe o estilo de caligrafia e de ilustração que deseja, visitando diversas oficinas, ou, com mais freqüência, dirigindo-se a um impressor livreiro que faz o papel de intermediário.

Este fragmento de página extraído da *Réforme de l'ordre de Saint Benoît* está escrito em letras góticas, uma escrita totalmente em ângulos pontiagudos que aparece no século XIII.

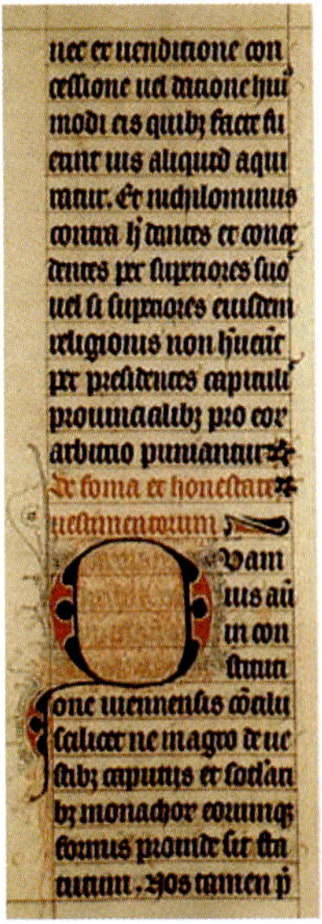

Entre os instrumentos do copista, o cutelo e a régua ocupam lugar essencial.

Nos séculos XII e XIII, guildas e confrarias multiplicam-se nas proximidades das universidades

À clientela cada vez mais numerosa de ricos comerciantes junta-se a de estudantes. O surgimento das universidades laicas fornece uma importante fonte de trabalho para os copistas que reproduzem os textos autorizados. De fato, somente os estudantes ricos podem se permitir o privilégio de recorrer aos profissionais da escrita, os outros têm de alugar os *exemplaria* em uma livraria autorizada e copiá-los letra por letra.

Diante da amplitude do trabalho, os artesãos especializam-se cada vez mais, formando confrarias que garantem a proteção de seus direitos e o segredo de suas técnicas. A aprendizagem também é objeto de uma fiscalização mais rigorosa. Como seus companheiros religiosos, os aspirantes a calígrafos começam por executar trabalhos mais humildes, como traçar as linhas ou moer as tintas. São considerados necessários, pelo menos, sete anos para sua formação; a última parte é dedicada à elaboração de uma "obra-prima", submetida à apreciação do mestre-artesão e de outros companheiros. Se for julgado digno da arte da corporação, o aprendiz obtém o título de escriba independente e tem o direito de se estabelecer por conta própria... com a condição de se afastar da oficina de seu mestre, a fim de não lhe fazer concorrência.

As correções de manuscritos cedem lugar a fantasias de gosto às vezes duvidoso...

Segundo John Dreyfus, historiador da imprensa, o código de aprendizagem recomendava enfaticamente aos alunos escribas evitar, a fim de conservar a mão firme, todo excesso de comida e de bebida, assim como relações por demais freqüentes com as mulheres, e ainda trabalhos que despendessem muita força!

Um escriba deve, evidentemente, saber se adaptar a todos os estilos de escrita e ser capaz de caligrafar qualquer texto. Porém, não está isento de erros. Assim, as oficinas contratam freqüentemente os serviços de um revisor, que indica na margem o erro e a correção necessária. Quando a correção não se faz tão necessária, o escriba raspa o pergaminho e, em seguida, escreve sobre a superfície lisa. Se falta uma palavra que não pode ser inserida no texto, ele a escreve na margem e desenha um dedo, indicando seu lugar no texto. Mas, quando faltam linhas ou parágrafos, ele conserta tal omissão por recursos mais ou menos felizes: o texto esquecido é escrito ao pé da página, contanto que o ilustrador o enquadre e o integre aos personagens que pela expressão facial indicam querer chegar ao lugar desejado.

Mas, apesar de a edição de livros feitos à mão não parar de crescer e a formação dos escribas ser das mais exigentes – alguns dentre eles produzem verdadeiras maravilhas –, os artistas e os artesãos não gozam de consideração social alguma e ganham apenas o suficiente para sua sobrevivência, a ponto de os mais talentosos, às vezes, entrarem para a vida religiosa, a fim de poder exercer sua arte ao abrigo das preocupações materiais.

Reflexo dos movimentos culturais, a letra gótica cede lugar à humanística

O desenvolvimento da edição manuscrita é acompanhado, logicamente, por uma evolução dos caracteres. Os copistas acostumam-se a recorrer às letras de influência alemã, ditas "góticas", tanto por razões materiais quanto culturais. Mais estreita do que a carolíngia, a letra gótica permite ganhar

O talho da pena é feito em várias etapas.

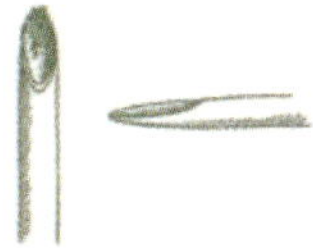

(1) Cortar a extremidade da pena obliquamente.

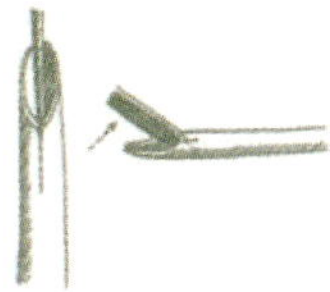

(2) Fazer uma fenda no meio do talo.

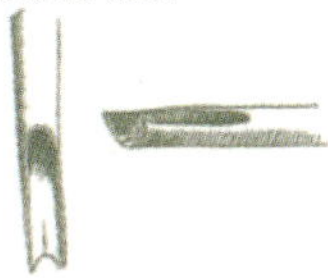

(3) Formar o bico igualando os lados.

(4) Se a parte posterior do bico está por demais côncava, aplainá-la, diminuindo a ponta.

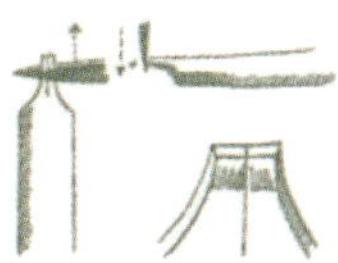

(5) Para talhar o bico, colocar a parte posterior da ponta sobre uma superfície dura e lisa.

espaço. Além disso, nessa época, começa-se a talhar as penas em bisel (obliquamente), obrigando os copistas a segurar a pena lateralmente e não em toda a sua extensão, o que convinha perfeitamente a essa escrita "quebrada", de ângulos agudos. Enfim, é também nesse tempo que começa o período da arquitetura dito "gótico", e as analogias entre a forma das abóbodas no cruzamento das ogivas e os arcos partidos das janelas com a forma das letras são impressionantes.

Todavia, enquanto na Itália, nos séculos XIV e XV, começam a se manifestar os primeiros sinais do grande movimento cultural que será o Renascimento, aparece uma escrita que rejeita as formas góticas. Mais redonda, e menos "estreita", recebe o nome significativo de escrita "humanística". Essa letra será, sem dúvida, a mais usada, quando se produzir um evento de alcance incomensurável para a cultura européia — a invenção da tipografia, um processo de impressão com caracteres móveis.

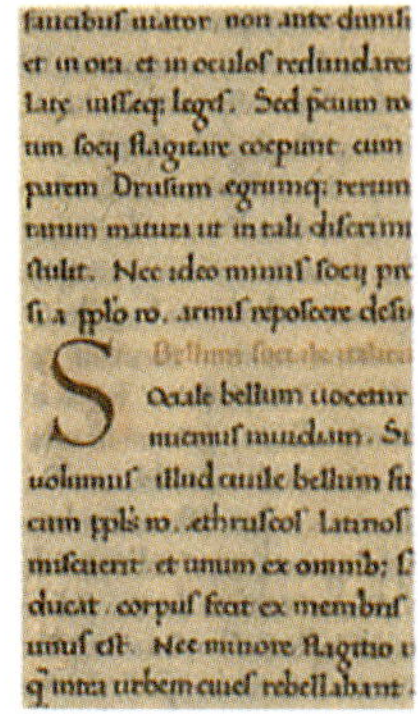

Este manuscrito latino de origem italiana, datado de 1458, corresponde ao começo do uso da letra humanística.

Os contemporâneos de Gutenberg estavam longe de prever a amplitude da revolução da imprensa

Em seus primórdios, a imprensa apareceu mais como um prolongamento da escrita manual do que como a transformação profunda que passamos a identificar, retroagindo no tempo. A primeira preocupação do impressor é de rivalizar com o escriba e de conseguir publicar edições tão luxuosas quanto as obras caligrafadas. Além disso, são reservados, nas páginas impressas, largos espaços a serem decorados por um iluminista, e há um esforço para imitar o aspecto da página manuscrita. Para isso, elaboram-se letras capitulares extremamente complexas e multiplicam-se os caracteres e os signos. Serão utilizados até grupos de caracteres ligados entre si, a fim de lembrar

Nesta gráfica do fim do século XV, cada um tem sua tarefa. À direita, o mestre-impressor encontra-se diante do prelo que um aprendiz alimenta de papéis. Acima deles, as folhas impressas secam. Na extrema esquerda, dois tipógrafos guarnecem seus componedores, lendo uma página de um texto colocada diante deles, enquanto, em primeiro plano, um operário arruma os tipos já utilizados em um tabuleiro; ao passo que, atrás dele, um revisor junta as primeiras provas. Em plano posterior, um operário enche de tinta a fôrma impressora com a ajuda de rolhas de couro recobertas de feltro. Rolhas em forma de cones são também visíveis (página da esquerda) perto da prensa de Gutenberg, reconstituída no século XIX em Leipzig.

as ligaturas que a pena desenha naturalmente entre as letras. Isto é tão verdadeiro que John Dreyfus escreveu: "Logo que foi planejado confeccionar o primeiro livro impresso, era preciso igualar a qualidade de concepção e de execução bastante aprimorada, característica comum dos livros manuscritos, com os quais se queria concorrer. A suntuosidade da 'Bíblia latina', impressa por Gutenberg em 1450, muito deve à escrita e à decoração das bíblias manuscritas de seu tempo."

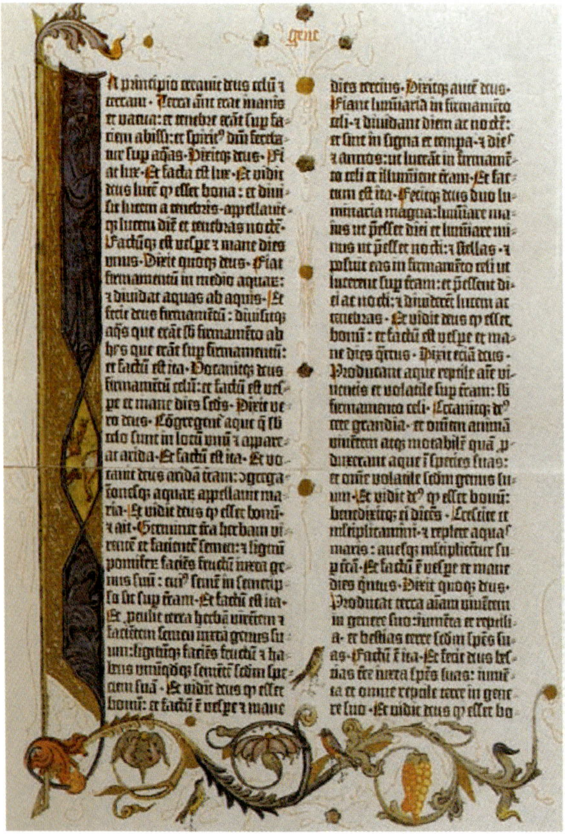

Não se sabe com certeza se Gutenberg imprimiu na íntegra sua "Bíblia latina", que data de 1450. Ainda fortemente pincelada pelo espírito medieval, essa Bíblia é ricamente ornada de iluminuras e o impressor serviu-se de caracteres góticos. Ela é dita de "36 linhas" (36 linhas por coluna), em oposição à de 42 linhas, dita "Bíblia mazarina", impressa por volta de 1455, possuindo 642 folhas. Essas duas obras fazem parte do que se convencionou chamar de os "incunábulos" (de *incunabulum*, "berço" em latim), livros impressos antes do ano 1500. Entre eles, o *Psalterium* (Saltério), de 1457; a primeira obra profana, *De officiis*, de Cícero, de 1465; e datando de 1464 o primeiro livro impresso em francês, o *Recueil des histoires de Troyes*, de Raoul Le Fèvre.

Além disso, o sucesso definitivo da imprensa não se fez de um dia para o outro, pois está relacionado a algumas invenções técnicas, de origem muitas das vezes desconhecidas.

Desde o século XI, os chineses já conheciam os caracteres móveis. A "prensa" (o "prelo") era também conhecida há alguns séculos, sendo usada antes de Gutenberg, não somente para esmagar uva, mas também para acetinar o papel e estampar tecidos. No início do século XV, imprimiam-se "letras" gravadas sobre madeira, como também imagens de santos ou cenas bíblicas. Porém, tais impressões eram obtidas pressionando o verso de uma folha sobre a madeira. Gutenberg é o primeiro a mecanizar a impressão.

Johannes Gensfleisch, chamado Gutenberg (1397-1468), se estabelece em Mayence, em 1448, depois de ter passado oito anos em Estrasburgo. Toma dinheiro emprestado do banqueiro Fust, porém não consegue pagar a dívida. O banqueiro embarga o material de Gutenberg, apropriando-se dele, em 1455, e colocando-o em funcionamento. Quando, em 1457, surge a primeira obra portando o selo de impressor, é o nome de Fust que ali figura. Gutenberg, arruinado, morre na miséria, dez anos mais tarde.

O ritmo lento e laborioso da fabricação do texto escrito é acelerado com a utilização do papel

Schoeffer, um amigo de Gutenberg, descobriu um meio de fundir os caracteres, particularmente os de componentes diferentes, com o auxílio de uma liga de chumbo e antimônio.

Enfim, Gutenberg compreendeu o interesse por um material já em uso na China: o papel. Não se sabe exatamente em que data os chineses inventaram o papel, mas foi, sem dúvida, no século II da nossa era. Sabe-se apenas que tentaram fabricá-lo com diversos materiais, antes de utilizar a fibra de linho que proporciona a mais perfeita qualidade. Uma vez decomposta por maceração, lavada e amassada, essa fibra dá uma polpa que, ao ser acrescida de água e de amido, fornece a massa de papel.

Os chineses guardaram em segredo esse processo de fabricação, só o revelando a seus conquistadores mongóis, no século VIII, que o transmitiram aos persas de Samarcanda, os quais, por sua vez, ensinaram-no aos comerciantes árabes que o introduziram na Espanha e na Sicília. No século XIII, importantes fábricas de papel eram implantadas na Europa. Com uns poucos aperfeiçoamentos, o processo de fabricação continuou o mesmo que os chineses puseram em funcionamento.

A história que então se inicia não é mais apenas a da escrita, mas também a da tipografia.

Diante dos resultados obtidos pela máquina de Gutenberg, poderíamos pensar que a modesta escrita à mão estivesse destinada ao esquecimento. Muito pelo contrário! Graças à imprensa, o mundo da palavra escrita irá, pouco a pouco, se expandindo para um número cada vez maior de pessoas, enquanto a "main à la plume" (a pena na mão) — segundo a expressão de Rimbaud — continuará sendo a indispensável ferramenta do pensamento.

CAPÍTULO 5

OS EDITORES

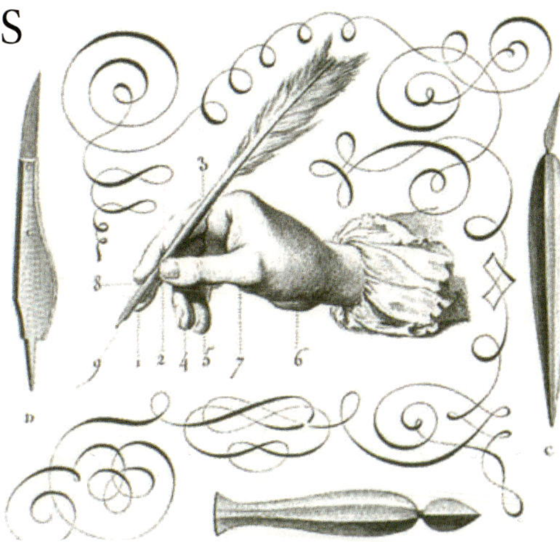

Mão com a pena da *Encyclopédie* de Diderot e d'Alembert e mãos na prensa na gráfica de Bernardo Cennini. No século XVII, a atividade desta dá um novo impulso àquela. O ato de escrever estará dali em diante ligado ao de imprimir.

O prodigioso desenvolvimento da imprensa e a multiplicação dos livros, na Europa e no mundo, tiveram como principal conseqüência de expansão — para dizer a verdade, bastante lenta — o uso e o conhecimento das línguas escritas. Conhecer a face "escrita" de uma língua é como, para os escribas antigos, possuir um certo poder; dominar a escrita é deter os meios de "conquistar o mundo", como o disse Sartre em *As Palavras*.

A História não guardou o nome do Gutenberg chinês. Entretanto, ele bem o merecia, pois é à longínqua China que os pesquisadores hoje atribuem a paternidade do primeiro livro impresso em caracteres metálicos móveis, aparecido em 1390. Por meio de que caminhos, e de que peripécias, essa invenção surgiu na Europa? Não sabemos ainda. A verdade é que, a partir de 1462, a máquina de imprimir de Mayence, a de Gutenberg, Fust e Schoeffer, conhece uma difusão rápida de Veneza a Anvers, de Lyon a Nuremberg, de Paris a Praga.

Desde o início do século XVI, nascem as dinastias de impressores, reunindo gravadores, fundidores e tipógrafos

Em Veneza, berço da Renascença italiana, Aldo Manuce procura reproduzir a mais bela grafia possível com seus caracteres de metal. Inventa a *lettera antiqua*, que será utilizada ao longo de todo o século XVI, em toda a Europa. Ela servirá de modelo a numerosos gravadores. Tentando reproduzir a escrita manuscrita, Manuce inspira-se na escrita de Petrarca e cria a "itálica", elegante cursiva inclinada. Pacioli grava a *De divina proportione*, ajustada às proporções do corpo humano inserido em um quadro geométrico, à maneira dos desenhos de Leonardo da Vinci.

Na França, o destino da imprensa é lançado em 1530 com os trabalhos de Geoffroy Tory. Gravador, tipógrafo, mas também

Aldo Manuce (1449-1515) criou, com a colaboração do gravador Francesco Griffo, um tipo inclinado que recebeu o nome de "aldino" e, mais amplamente, de "itálico". Doravante, todos os tipos inclinados serão assim chamados. Ao lado, o logotipo do fundador da dinastia perpetuada por seus filhos.

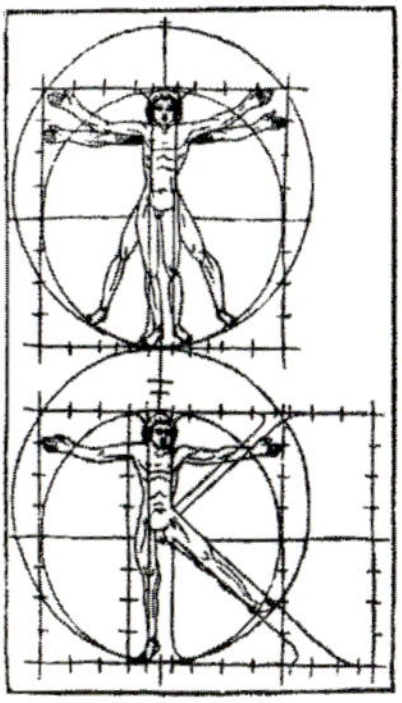

Livre da forma na qual Gutenberg a havia encerrado, a letra gótica é presenteada aos homens da Renascença e do humanismo racional. E se, como Da Vinci e Dürer, os artistas da Renascença fracassaram quanto à ambição de estabelecer os parâmetros da beleza; se não encontraram o número áureo, os fundidores de letras chegaram bem perto de consegui-lo.

Acima, à esquerda, *Retrato do matemático Fra Luca Pacioli*. Com a mão direita, o franciscano Luca Pacioli faz geometria, com a esquerda, aritmética. Sua *Summa de arithmetica, geometria, proportioni et proportionalita* reúne o saber matemático do seu tempo.

gramático e fervoroso admirador de Leonardo da Vinci, ele trabalha na mesma direção de Pacioli; cria o estilo "champfleury", tornando-se rapidamente o decorador preferido de Simon de Colines, impressor localizado na rue de la Montagne-Sainte-Geneviève, em Paris, na insígnia do Sol de Ouro — Soleil d'Or.

Simon de Colines, valendo-se de um tipo de letra derivado da "lettera antiqua", põe-se a desenhar e gravar um tipo grego. Seus trabalhos servirão, uma dezena de anos mais tarde, em 1540-1541, para a criação dos famosos "gregos do rei" que Garamond gravará, tomando por base modelos fornecidos pelo calígrafo cretense Ange Vergèce. Essas ferramentas, encomendadas por Francisco I, estão, hoje, conservadas na Imprensa Nacional da França e foram classificadas de "monumentos históricos" em 1946. Nesse ínterim, Garamond funde também caracteres romanos, inspirados nos de Tory e destinados, eles também, a elevar bem alto suas letras nobres: o "garamond romano" é um alfabeto que contém, segundo a fórmula do "champfleury", "a arte e a ciência da devida e verdadeira proporção das letras".

Estienne, na França, Plantin e Elzévir, na Holanda, são os precursores da imprensa industrial

É ainda no reinado de Francisco I, rei humanista e amante das letras, que tem início uma verdadeira dinastia de criadores de caracteres (tipos), a dos Estienne. Refugiados em Genebra, onde Lutero decide utilizar as letras góticas para difundir as idéias da Reforma junto ao povo, fazem dessa cidade, desde o fim do século XVI, um importante centro da editoração européia. Os Estienne, sucessivamente, Henrique I, Roberto, Carlos, Henrique II, Paulo, Antônio, tornarão célebre, até meados do século XVIII, uma profissão que não tem, até então, parâmetros de divisão entre erudição, tradução de obras antigas, composição de obras novas e criação de tipos.

Roberto Estienne, impressor do rei para o hebraico, o latim e o grego desde 1540, humanista brilhante e grande impressor, publicou sob o selo da oliveira, brasão da família, bíblias, saltérios e numerosos autores antigos. Compôs até, em 1539, um dicionário latim-francês. Apesar de amigo de Francisco I, o rei não pôde protegê-lo dos ataques da Sorbonne que o levaram a se expatriar.

Mais ao norte, na Holanda, Christophe Plantin, francês feito cidadão de Anvers, encadernador chamado "arquitipógrafo" do rei da Espanha, Felipe II, utiliza com total genialidade todo o potencial da imprensa à sua disposição: com 16 prensas funcionando ao mesmo tempo em sua oficina, Plantin produzirá em 34 anos mais de 1.500 obras, dentre as quais a famosa "Bíblia poliglota", escrita sob a direção do humanista espanhol Arias Montanus. Com a dinastia Elzévir, instalada em Leyde, cujas edições são impressas em uma tipografia apertada sobre o finíssimo papel d'Angoulême, Elzévir fecha com chave de ouro a série dos grandes impressores da Renascença, sendo, ao mesmo tempo, o precursor da imprensa industrial.

Com o desenvolvimento da imprensa, a encadernação, até então domínio dos monges, adquire um caráter mais prático e público. No século XVI, o encadernador é um artesão do livro que possui loja própria. É a época da admirável escola de Veneza, a dos Aldes (Aldo Manuce), que terá grande influência na encadernação francesa. Ao mesmo tempo que essa arte se secularizava, os encadernadores de livros formavam uma corporação, em Paris, sob a tutela da universidade, que, na França, irá até 1791. Os Eve, encadernadores da escola lionesa (Geoffroy Tory), o Gascão, Boyer, Du Seuil, os Pasdeloup, Derome, Le Monnier, Dubuisson são os primeiros elos da grande corrente dos encadernadores do século XVIII.

Para ser mais bem difundido, o livro multiplica-se, no formato de bolso

Em fins do século XVI, quando a Contra-Reforma e a Inquisição tomam a frente e perseguem as idéias novas, a Holanda protestante torna-se terra de asilo do livro, dos tipógrafos e dos impressores da Europa, onde o absolutismo real adapta-se mal à independência de espírito desses homens eruditos que, desde 1550, desprezando o latim, empenham-se em imprimir e difundir os clássicos gregos e latinos nas línguas nacionais.

A lembrança do martírio de Étienne Dolet está ainda viva na memória deles. Esse impressor lionês foi queimado em praça pública, em Paris, em 3 de agosto de 1546. Suas publicações de Rabelais, de Marot e, sobretudo, do *Manuel du chevalier chrétien* (Manual do cavaleiro cristão) de Erasmo desencadearam a fúria dos inquisidores. A Holanda torna-se, então, o celeiro de uma literatura proscrita em qualquer outro lugar. Elzévir, não deixando passar ocasião oportuna, popularizou as edições de formato menor anteriormente lançadas por Manuce em Veneza. Nascia o livro de bolso.

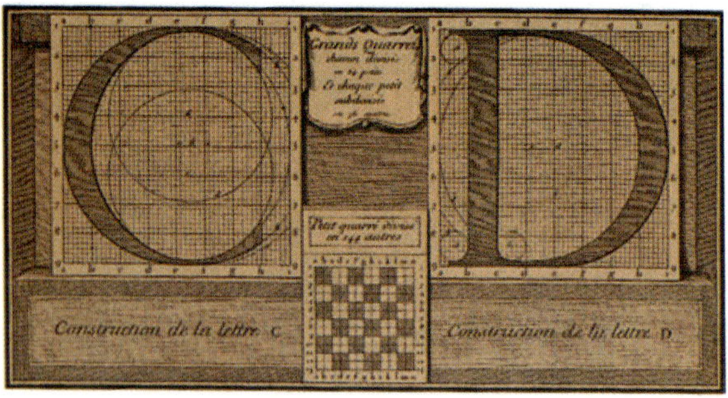

No reinado de Luís XIV, o Rei Sol, em que os pobres e os loucos eram aprisionados, vai-se, então, quadricular a letra, colocá-la na prisão

Provavelmente em virtude da irritação causada pelo sucesso do livro holandês, o Rei Sol é levado a prescrever a reforma da imprensa francesa, assim como já havia mandado construir o terrível Hôpital Général (o Hospício Geral), destinado a aprisionar os loucos, os pobres e os vagabundos.

O abade Jaugeon, da Academia de Ciências, é solicitado pela Imprensa Real a desenhar um novo alfabeto. Por ser época de aprisionamento, a letra será construída por trás das grades, da malha de pautas, no interior de diagramas, de precisão matemática. Cada letra é desenhada em um quadrado, dividido em uma rede quadriculada com 64 casas, constituindo o arquétipo da perfeição tipográfica. Finalmente, o gravador, Philippe Grandjean, de temperamento mais artístico que matemático, transforma

O abade Jaugeon, encarregado, em 1692, pela Academia de Ciências, juntamente com Filleau des Billettes e Sébastien Truchet, da "descrição da arte da impressão", esforçou-se para encontrar, tomando por base as letras francesas, as mais agradáveis ao olhar, um método de traçado geométrico que permitia sua reprodução com a maior precisão possível. Essa rede quadriculada lembra as grades de nossas fotocompositoras.

No decurso dos três primeiros decênios da imprensa, os impressores tentaram reproduzir o mais fielmente possível a grafia da escrita cursiva. Buscava-se, então, a legibilidade de seus livros para um público habituado aos códices dos copistas. Entretanto, os primeiros livros impressos, de grande formato, custavam muito caro. Foi o italiano Manuce que teve a idéia de publicar obras de pequeno formato, impressas em tipos finos, facilmente manuseáveis e baratas.

definitivamente a letra: confiando mais no bom gosto do que nos sinais, cria, em 1700, a "letra redonda" (*romain du roi*), hoje conservada na Imprensa Nacional da França e conhecida pelo nome de "caractere de Grandjean".

Lâmina do "E dans l'O" de um tipo Grandjean conservado na Imprensa Nacional da França. Depois de o gravador talhar em relevo cada letra na extremidade de uma lâmina (buril) de aço, o fundidor molda uma matriz de cobre, na qual a letra encontra-se reproduzida concavamente. Dessa matriz poderão ser fundidas centenas de tipos numa liga de chumbo e antimônio.

Sobre esta placa da *Encyclopédie* de Diderot e d'Alembert (página da direita) estão reproduzidos (fig. 4) tipos — o "S capitular" — e os "espaços", mais ou menos curtos, que o tipógrafo introduz entre as palavras, quando monta uma linha na galé (fig. 5), que virá se juntar àquelas já ajustadas no componedor (fig. 6).

Com o Século das Luzes surgem uma nova visão do mundo e uma nova exigência do visual

A *Encyclopédie* (Enciclopédia) de Diderot e d'Alembert não tem por objetivo nem guirlandas nem frisas, mas as chapas técnicas. Não visa ornamentar nem decorar, mas tornar claro. No século XVIII, o interesse depositado no livro evolui. O leitor pede menos prazeres do diletante e mais informações. Para alcançar facilmente uma informação, é necessário um conforto para a leitura. E é exatamente visando esse conforto que os Didot se empenham em criar um caractere tipográfico representativo do novo espírito.

A pureza e a simplicidade do alfabeto desenhado, em 1755, por François-Ambroise Didot e gravado por Pierre-Louis Wafflard é exemplar — uma construção de grande pureza dos cheios (grossos) e dos finos, nítidos e perfeitos, fará do "didot" a vinheta da tipografia francesa.

Na Inglaterra, em 1716, William Caslon desenha um belo tipo romano que será utilizado na impressão da Declaração da Independência Americana em 1776. John Baskerville adquire tamanha reputação que é imitado na França e na Itália. Porém, o imitador de gênio é o italiano Giambattista Bodoni, criador do tipo que leva seu

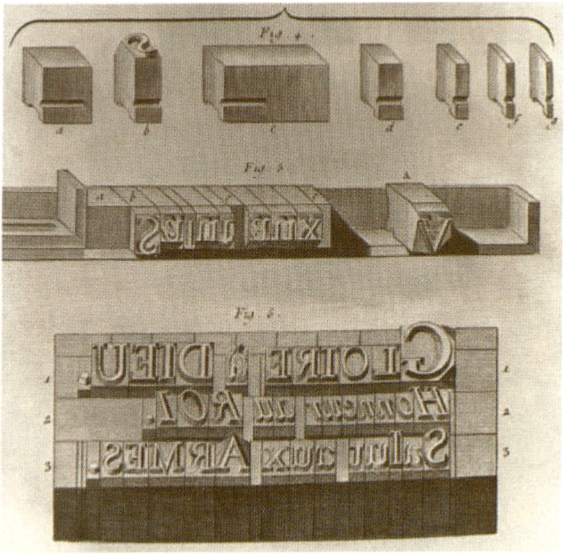

Tipo do "E capitular didot". Verdadeira dinastia, os Didot mantiveram, durante dois séculos, sua fama por um número impressionante de aperfeiçoamentos e de invenções, como o papel velino sem riscos nem linhas, definição do ponto, unidade de medida tipográfica e aperfeiçoamento da primeira máquina para fabricar "papel sem fim" (papel contínuo).

nome, o "bodoni", inspirado nos "garamonds", comprados por Sisto V. O "bodoni" espalha-se por toda a Europa, sendo utilizado, na Inglaterra, para a composição de jornais até a metade do século XX.

Uma série de invenções muda o curso da história da escrita

Até 1783, a impressora (prensa) manual, praticamente inalterada desde Gutenberg, só podia imprimir trezentas folhas por dia. Nessa época, Didot dotou sua máquina de uma placa de ferro e de um quadro de cobre. Sua prensa metálica, sem dúvida a primeira do gênero, permitia também imprimir grandes formatos. Simultaneamente, era acionada a fabricação do papel em bobinas. Provida de um sistema de pressão em 1807, a

impressora aperfeiçoa-se mais ainda em 1812: a impressão plano contra plano é substituída por um sistema plano contra cilindro. A primeira do gênero, instalada na Inglaterra, é posta em funcionamento pelo alemão Friedrich Koenig. Em 1819, a passagem da tinta, assegurada pelos cilindros, torna-se automática. Estamos a caminho do que será a maior conquista da imprensa do século XIX, a rotativa, composta de dois elementos cilíndricos. A primeira prensa moderna, construída na Filadélfia em 1846, imprime 95 mil exemplares/hora. Decorreram três quartos de século desde os trezentos exemplares/dia da prensa manual.

A composição tipo por tipo (ao lado) tomava muito tempo. A grande inovação técnica no fim do século XIX foi a utilização de matrizes que o linotipista armazenava na parte superior da máquina. Uma vez pronta, a matriz permitia moldar uma linha inteira de tipos. Não era mais um conjunto de letras, mas sim um bloco de linhas que o tipógrafo arrumava, em seguida, sobre a mesa de impressão.

A velocidade da carreira empreendida pela rotativa confirma-se, em fins do século XIX, com a invenção da linotipo

Desde Gutenberg, a composição dos textos fazia-se letra por letra. Até 1872, os tipógrafos escolhiam sempre seus tipos nas caixas, compunham as linhas nas galés e as depositavam sobre a mesa de impressão, antes de comprimi-las nas formas com barbante e cavilhas de madeira. Uma vez impresso o texto, era necessário arrumar os tipos um por um nas caixas.

A composição de um texto fazia-se à velocidade de 1.200 a 1.500 signos por hora. Com o aparecimento da linotipo, poderão ser compostos de

6 mil a 9 mil signos por hora. A evolução era considerável. Só haverá equivalente com o advento da fotocomposição, em meados do século XX. "Registrar o acontecimento" no momento em que ele está acontecendo não é mais uma expressão vã. Um historiador da imprensa constata: "Cinco séculos depois, Gutenberg [...] ficaria ao menos surpreso ao descobrir que os jornais, as revistas e os impressos comerciais reduziram o livro a não mais do que uma modesta fração do conjunto do que é impresso."

A impressão em cores será acelerada pela prensa de retiração, que imprime os dois lados da folha com clichês (fotótipos) e tinteiros diferentes.

Em 1847, entra em funcionamento na França, para o jornal *La Presse*, a prensa de retiração de Marinoni, com capacidade de imprimir folhas de 95cm x 134cm. Depois de imprimir a folha de rosto (a primeira página), a folha vira e seu verso é também impresso. Assim são obtidas duas páginas de 95cm x 134cm. *La Presse* funcionava com quatro máquinas, rodando 60 mil jornais por hora, que, em seguida, eram cortados e dobrados, para, depois, serem distribuídos.

Até o início do século XIX, a estampa era o resultado da impressão de uma placa de madeira ou de metal. Em 1826, ela ainda estava limitada "à espécie de quadro que era obtido por meio da gravura a buril (talho-doce)", segundo a fórmula de Boutard em seu *Dictionnaire des arts et du dessin* (Dicionário das artes e do desenho), excluindo tacitamente a gravura sobre madeira. Com o tempo, outros métodos aliam-se à gravura a entalhe ou à gravura em relevo que permitem a multiplicação de uma obra desenhada ou pintada. Na virada do século XIX para o XX, a técnica da gravura em madeira foi inteiramente modificada pela utilização de madeira para corte em massa pelos grandes periódicos ilustrados.

Concomitantemente ao desenvolvimento das impressoras, sobrevive a imprensa artesanal. À esquerda, o tipógrafo-compositor e sua caixa (tabuleiro), onde monta as linhas de tipos. No centro, dois operadores da prensa: um deles estende uma folha sobre um quadro na qual vai imprimir o que seu companheiro enche de tinta com o auxílio de um rolo — estupendo progresso em relação às rolhas de couro recobertas de feltro em uso no tempo de Gutenberg. À direita, os fundidores de tipos. O chumbo é derretido, depois os tipos são moldados em matrizes de areia, antes de serem redesenhados a buril.

Igual resultado é obtido, em maior escala, pelas rotativas gigantes, compostas de tantos cilindros e elementos quanto o número de cores desejado: quatro, cinco ou mais.

O século XIX viu crescer a imprensa e seus leitores. Na França, de 1803 a 1870, a tiragem da imprensa diária em Paris passou de 36 mil a um milhão de exemplares.

O progresso da imprensa estimula a proliferação de jornais no século XVIII

Os primeiros periódicos surgiram no início do século XVII nos Países Baixos e na Alemanha. Na França, o primeiro jornal, *La Gazette*, de Théophraste Renaudot, apareceu em 30 de maio de 1631. Choiseul irá anexá-lo ao Ministério dos Negócios Exteriores em 1762, dando-lhe o título de *La Gazette de France*. Nessa época, circulam perto de 150 "folhas". Mas é realmente a Revolução Francesa que estabelece a liberdade da imprensa escrita no artigo 19 da Declaração dos Direitos do Homem, em agosto de 1789. No ano seguinte, surgem mais de trezentos jornais, todos tentando imitar a vinheta da imprensa diária do outro lado da

Mancha, *The Times*, fundado por John Walter em 1785. Real precursor dos grandes diários de opinião contemporâneos, o diário londrino adquiriu o apelido de "*Thunderer*", o "Trovão", por seus editorialistas não faltarem com a verdade, dizendo tudo às claras; sua tiragem era, em 1815, de 5 mil exemplares, e, em 1854, de 50 mil.

Uma das principais causas do florescimento de títulos, tal qual *La Lune*, foi a queda de seu preço de venda; em 1º de julho de 1846, surgem dois jornais cuja assinatura foi reduzida à metade em relação aos outros: *Le Siècle* e *La Presse*, a 40 francos anuais, ou seja, um preço de venda teórico de 10 centavos por número. Vinte anos mais tarde, *Le Petit Journal* é lançado a 5 centavos. Nasce a imprensa popular. O jornal torna-se um produto de consumo corrente.

A litografia é posta em prática no fim do século XVIII por um alemão de Praga

A essa altura, a imprensa possui uma lacuna: um processo que permita imprimir o texto e a ilustração com uma única passagem pela mesma máquina e com um mesmo papel.

Em 1796, Aloys Senefelder descobriu a propriedade bastante particular que possuíam as pedras calcárias de Solenhofen (perto de Munique) de rejeitar a tinta oleosa quando ainda úmidas. Com base nessa constatação, ele descobriu a impressão litográfica, aperfeiçoando-a a ponto de utilizar o metal como base. A litografia terá uma influência imediata sobre o livro e a imprensa, mas, sobretudo, permitirá o desenvolvimento do cartaz (anúncio) a partir de 1860.

A imprensa de então não conheceu transformações rápidas na concepção e no emprego de processos tipográficos. Porém, com o tempo, os paginadores tomaram consciência da necessidade de ordenar a ilustração. É exatamente aí que a página de jornal torna-se uma movimentada arquitetura, favorecendo o diálogo com o público, que passa a ser o poderoso fundamento da edição moderna.

Se a capacidade de imprimir reuniu livros e jornais, restam setores da escrita reservados à pena

A correspondência, os atos públicos (atos de tabeliães) e a literatura serão, ainda durante três séculos, manuscritos. Os instrumentos de ofício público e jurídicos exigiam, até bem pouco tempo, a escrita cursiva, única apta, com a assinatura, a autenticar contratos, testamentos ou escrituras de compra e venda. Último reduto dos escrivães

"A primeira posição é a que se chama 'de frente', porque a pena é segurada quase frente a frente ao corpo, e de maneira que ela produza sobre a linha perpendicular ou sobre a oblíqua grossos em gradação descendente. A segunda posição é 'de lado', pois a pena é segurada de maneira que o bico fique na direção da linha horizontal para produzir os grossos nessa mesma linha, assim como também acima e abaixo das partes curvas. A terceira posição é chamada 'inversa', porque a pena, da maneira que é segurada, produz grossos ascendentes."

L'Art d'écrire
(A arte de escrever),
Paillasson, 1763.

públicos, esses documentos contribuirão também para o descrédito da profissão perante o grande público, que irá associar o escrivão ao usurário — agiota —, seu empregador, confundindo-os em ódio comum. A posição desses últimos calígrafos profissionais, embora herdeiros de uma longa e admirável tradição, não cessará de perder terreno, a ponto de, no século XIX, serem normalmente acusados de bebedores inveterados.

Em 1750, um magistrado de Aix-la-Chapelle, Johann Jantssen, reivindica a invenção da pena de metal: "Sem me vangloriar, creio reservar-me a honra de ter inventado uma pena nova..." O *Boston Mechanic* reivindica a paternidade americana da pena de aço: ela teria sido inventada por "um cidadão honradamente conhecido em nossa cidade, o senhor Peregrine Williamson..."

Uma publicação alemã de 1808 atribuía essa invenção a um professor primário de Koenigsberg. Uma brochura francesa sobre documentos de 1750 atribui evidentemente sua paternidade a um inventor do Hexágono. De fato, é bem provável que, fazendo-se sentir sua necessidade, a pena de metal tenha sido posta em prática simultaneamente nesses países.

A dificuldade consistia em encontrar as qualidades da pena de ganso em outro material. Nos primeiros tempos apenas o ouro oferecia a mesma leveza. As penas de aço, fabricadas à mão, eram tão duras que rasgavam o papel. Entretanto, rapidamente, a utilização de processos mecânicos permitiu uma produção em massa de penas de qualidade. Os preços caíram e a pena de aço tornou-se um dos primeiros produtos descartáveis de nossa civilização industrial.

Como dizia Pascal, "saber escrever bem é saber pensar"

A partir do século XIX, os instrumentos da "pena na mão" são aperfeiçoados e tornam-se sofisticados: mais precisão, mais rapidez — para isso tendem as invenções da caneta-tinteiro, da máquina de escrever e da esferográfica. Temia-se que o telefone, o rádio e a televisão fossem enfatizar a supremacia da língua falada e da imagem; no entanto, esses meios coexistem pacificamente com o texto. Por conseguinte, tudo leva a crer que os mais sofisticados instrumentos modernos da escrita jamais estarão em situação de real rivalidade com a "pena na mão", com as letras, por meio das quais ainda é possível, na solidão, um lápis na mão "tudo dizer"; essas humildes e prodigiosas letras nascidas no decorrer de 5 mil anos de História, esses pequenos signos obstinados e maravilhosos que Étiemble investiu da mais nobre das missões quando escreveu: "Em tempos de televisão estatal, somente ela (a escrita) pode ainda salvar a liberdade..."

Durante o inverno de 1906, o poeta William Wordsworth escrevia a seus hóspedes, Sir e Lady George Beaumont, o que ele chamou de "a mais longa carta que escrevi em toda a minha vida". Uma carta de 18 páginas. Disse ele: "Eu não seria capaz de chegar até o fim neste estilo, se não tivesse o privilégio de poder usar uma de vossas penas de aço." Falava, então, das primeiras canetas-tinteiro. À esquerda, tinteiro de ébano forrado de ouro, datado de 1900.

Hieróglifos, cuneiformes e linear cretense jamais teriam revelado seus segredos sem a paciência obstinada de alguns homens. Decifradores do indecifrável, caçadores de tesouros obscuros, esses desbravadores da *terra incognita* das línguas escritas, com incansável dedicação, libertaram passagens inteiras de nossa memória das trevas em que haviam mergulhado.

CAPÍTULO 6

OS DECIFRADORES

"Perguntemos a nós mesmos sob um ângulo humano, positivo, verdadeiro, se não se faz necessário admirar aqueles que decifraram os hieróglifos, ou cuneiformes ou o cretense linear B, um pouco ou muito mais ainda do que aqueles que desenharam os primeiros pictogramas, esquematizaram tudo em vocabulário com alguns signos alfabéticos."

Étiemble

Os homens que elaboraram formas infinitamente variadas e modernas, já usadas ou ainda em uso através do mundo, são desconhecidos e assim continuarão por todo o sempre. Multidão anônima de contadores, escribas, mestres da escrita, eles aperfeiçoaram, passo a passo, da noite dos tempos à aurora da História moderna, esse instrumento do qual nos servimos hoje.

Aqueles, porém, que se propuseram a dar um sentido a tais signos obscuros, vistos, olhados mas não compreendidos, signos registrados na argila, no barro, ou gravados na pedra, esses estão próximos de nós, são quase nossos contemporâneos.

O primeiro, e sem dúvida o mais genial deles, Jean-François Champollion, morreu há apenas 176 anos, em 1832.

A decifração do cuneiforme começa na mesma época, como diz Béatrice Andrée Leicknam: "A palavra Suméria desaparecera da memória dos homens há mais de dois mil anos. Começávamos a duvidar de que suas ruínas fossem nos revelar a mais antiga escrita chegada até nós."

Quanto ao linear B, escrita cretense, só foi decifrado, em definitivo, em torno de 1950-1952, por Michael Ventris, falecido em 1956.

Altura de 1,14m, largura de 0,73m, a Pedra de Roseta sempre suscitou a mais viva paixão dos pesquisadores. Desde agosto de 1799, *Le Courrier d'Egypte* dizia: "Essa pedra é de grande interesse para o estudo dos caracteres hieroglíficos e poderá, até mesmo, ser sua chave."

A vida de Champollion, nascido em 1790 e falecido aos 42 anos, é, em seu curto espaço de tempo, de uma intensidade prodigiosa

Desde 1804, no Liceu Imperial de Grenoble, ele se interessa pelos hieróglifos; estuda latim, grego, hebraico, árabe, siríaco, persa, sânscrito, chinês e copta, convencendo-se, então, de que a língua copta seria uma forma tardia da língua falada no antigo Egito. Em 1822, em uma famosa carta a Dacier, secretário perpétuo da Academia de Inscrições e Belas-Letras, Champollion expõe sua teoria "relativa ao alfabeto fonético usado pelos egípcios para inscrever sobre os monumentos os títulos, os nomes e os cognomes dos soberanos gregos e romanos". Teoria que vai ratificar, logo em seguida, quando a aplica na interpretação da Pedra de Roseta.

Publica, em 1824, *Le Précis du système hiéroglyphique des anciens Égyptiens* (Sumário do sistema hieroglífico dos antigos egípcios); empreende, em 1828, uma viagem ao Egito, registrada, em suas várias etapas, em textos entusiastas, calorosos e exaltados. Ao retornar, morre de esgotamento.

A estela conhecida pelo nome de Pedra de Roseta foi descoberta na expedição de Bonaparte ao Egito, em 1799, perto de Rasshid, porto situado à margem oeste do Nilo, a leste de Alexandria. Data de 196 a.C., quando os sacerdotes reunidos em Mênfis para celebrar a subida ao trono de Ptolomeu V Epifânio, de 12 anos de idade, redigem em grego

Retrato de Jean-François Champollion, em 1831.

Nestor L'Hôte acompanha Champollion em sua viagem ao Egito, em 1828. Escreve observações em suas aquarelas, tal qual a seguinte: "O templo [de Maharaga] construído em granito ainda não foi concluído nem esculpido em relevo, a não ser os hieróglifos do lado que caiu de uma vez só e cujas pedras estão ainda por terra, enfileiradas paralelamente..."

um decreto em sua honra. Cópias foram gravadas na pedra, precedidas de sua tradução em demótico e em hieróglifos.

Presa à longa história da rivalidade franco-britânica pela dominação do Egito, a Pedra de Roseta ficou em poder dos ingleses logo que tomaram Alexandria, em 1801. Foi transportada para Londres para o British Museum, onde se encontra ainda hoje. Champollion deve ter visto uma cópia dela em Paris, em 1808. Pesquisou-a durante muitos anos e constatou que o texto escrito em hieróglifos continha duas molduras. Ora, sabia-se que as molduras encerravam os nomes dos soberanos. Dois nomes de soberanos apareciam no texto grego: o de Cleópatra e o de Ptolomeu. Há muito tempo, acreditava-se que esses signos eram ideogramas. A intuição fulgurante de Champollion foi a de pensar que cada signo correspondia a um som, e não a uma imagem. O conhecimento perfeito da língua copta e do grego permitiu-lhe traduzir o conteúdo das molduras.

O abade Barthélemy I lançou a hipótese de que a moldura oval (ao lado, à esquerda) encerrava o nome dos reis. A partir do texto grego que cita Ptolomeu V, Champollion atribuiu valores fonéticos aos hieróglifos na moldura e encontrou PTOLMYS. À esquerda, moldura de CLEÓPATRA.

Em dez anos, Champollion junta material que revelará um dos testemunhos mais incontestáveis do gênio humano: *Les Principes généraux de l'écriture sacrée égyptienne appliquée à la représentation de la langue parlée*, ou *Grammaire égyptienne* (Princípios gerais da escrita sagrada egípcia aplicada à representação da língua falada, ou Gramática egípcia), publicado em 1841, após sua morte, e, mais tarde, em 1984, pelo Instituto do Oriente.

Para ler a Pedra de Roseta, é preciso olhar os seres vivos "nos olhos"

Dentro desse esquema, ele restabeleceu uma ordem de leitura da direita para a esquerda e de cima para baixo; embora o sentido originário da leitura da moldura seja da esquerda para a direita, os olhos do leão indicavam a verdadeira ordem da leitura.

Champollion reconheceu o nome de Cleópatra sobre uma outra pedra, pois a moldura que o continha encontrava-se sobre a face superior da Pedra de Roseta, em parte destruída. A partir de tal descoberta, ele pôde decifrar o restante do texto

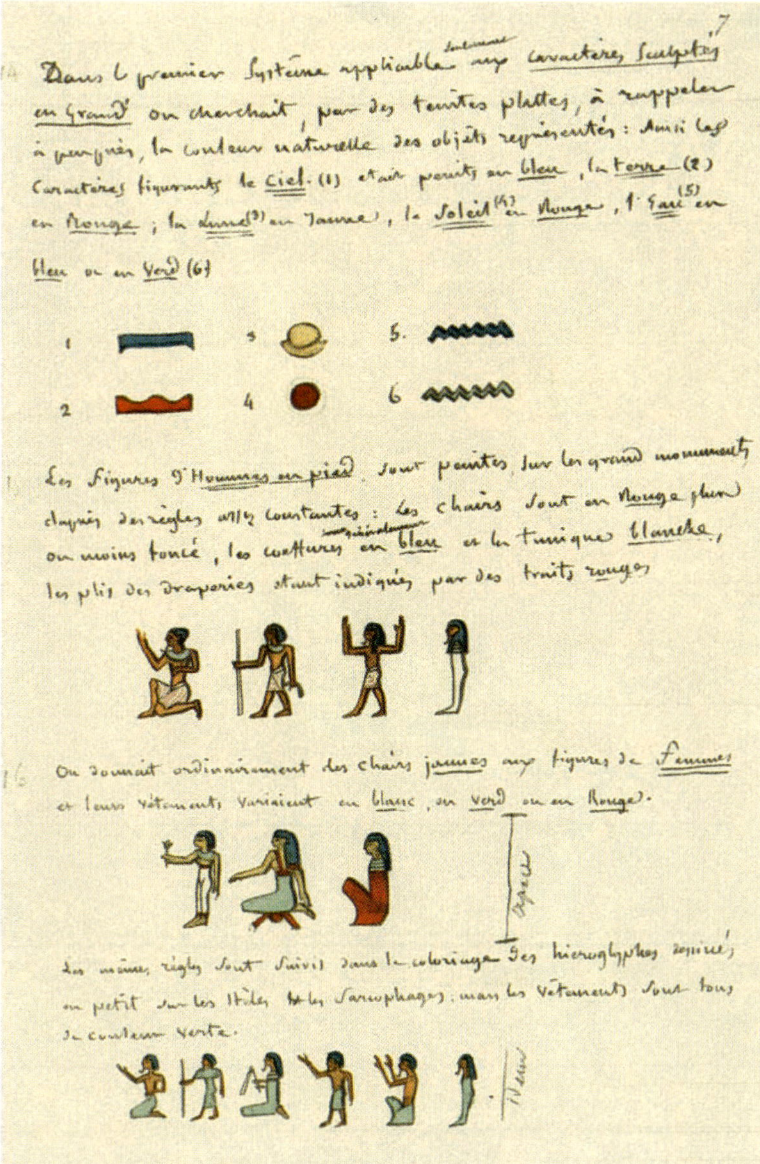

7

14 Dans le premier Système applicable seulement aux caractères Sculptés en grand on cherchait, par des teintes plattes, à rappeler à peu près, la couleur naturelle des objets représentés : Ainsi les caractères figurants le Ciel (1) étaient peints en bleu, la terre (2) en Rouge ; la Lune (3) en Jaune, le Soleil (4) en Rouge, l'Eau (5) en bleu ou en Vert (6)

1 3 5.

2 4 6

15 Les figures d'Hommes en pied sont peintes, sur les grands monuments d'après des règles assez constantes : les chairs sont en Rouge plus ou moins foncé, les coiffures ordinairement en bleu et la tunique blanche, les plis des draperies étant indiqués par des traits rouges

16 On donnait ordinairement des chairs jaunes aux figures de Femmes et leurs vêtements variaient en blanc, en Vert ou en Rouge.

Les mêmes règles sont suivies dans le coloriage des hiéroglyphes sculptés en petit sur les Stèles et les Sarcophages ; mais les vêtements sont tous de couleur verte.

e estabelecer que os hieróglifos não eram apenas imagens, mas representações de sons.

O caso de Champollion é excepcional, na medida em que ele conseguiu, quase sozinho, desvendar um dos mistérios mais obscuros da História, abrindo as portas para a ciência da egiptologia.

As peripécias da longa procura dos decifradores do cuneiforme chegam às raias do romance de espionagem

A decifração do cuneiforme constitui a aventura de uma equipe de sábios que estará, entre 1800 e 1830, na origem de verdadeiras "descobertas em cascata" no antigo Oriente Próximo.

Tudo começa com as comunicações de um professor de Göttingen, Grotefend (1775-1853), que pensara "ter decifrado as inscrições persepolitanas cuneiformes".

Rask, Burnouf, Lassen e, sobretudo, Rawlinson (1810-1895) prosseguem suas pesquisas. Rawlinson encontrou, no rochedo de Behistun, na Pérsia, um problema semelhante ao que Champollion descobriu diante da Pedra de Roseta: "Sobre as três colunas das inscrições trilíngües persepolitanas, compreendia-se perfeitamente a primeira, podendo-se forçar a compreensão das outras duas." Novis descobriria que a segunda língua era o elamita; outros estudiosos, entre eles Rawlinson, tentavam compreender a terceira. Em 1851, conseguiram traduzir as 112 linhas da terceira coluna. Era o acadiano!

Em 1857, a Royal Asiatic Society de Londres envia a mesma inscrição, recentemente descoberta, a quatro assiriólogos: Rawlinson, Hincks, Talbot e Oppert. Devem estudá-la, sem se comunicarem. Um mês depois, enviam suas traduções. E elas coincidem!

Esses escravos acorrentados do rochedo de Behistun (à esquerda) serão as testemunhas mudas da obstinação que Rawlinson demonstrou.

Orientalista, major, membro do Parlamento, presidente da Royal Asiatic Society e da Royal Geographical Society, Henry Creswicke Rawlinson era, em 1826, oficial de informações do exército das Índias, no qual aprendeu o hindustani, o árabe e o persa moderno. Durante uma permanência diplomática na Pérsia, em 1833, dedicou-se à decifração do cuneiforme para tornar-se o "Champollion" do rochedo de Béhistoun (página da direita, desenho de uma vista geral do lugar).

Em 1905, François Thureau-Dangin (1872-1944) apresenta a primeira tradução da primeira escrita: o sumério.

"De pé no mais alto degrau da escada, sem outro suporte a não ser meu próprio corpo, mantido o mais longe possível do rochedo com a ajuda do braço esquerdo, enquanto minha mão esquerda segurava um bloco de apontamentos e a direita, um lápis, eu copiava as inscrições superiores; o interesse da minha ocupação tirava-me totalmente o senso do perigo."

Des victoires, Henry Rawlinson, 1851.

Em Creta, três escritas lançam um desafio aos decifradores

Desde o começo do século, os progressos não pararam, como escreve Jean Bottéro: "Em toda a História não houve, talvez, aventura mais extraordinária do que a que, em um século, levou os sábios de uma simples faísca da qual ninguém ainda, a princípio, havia tomado consciência a toda uma fogueira de descobertas e de decifrações (...) e, assim, mostrar, à luz do dia, imensas e capitais etapas de nosso passado, até então perdidas no tempo."

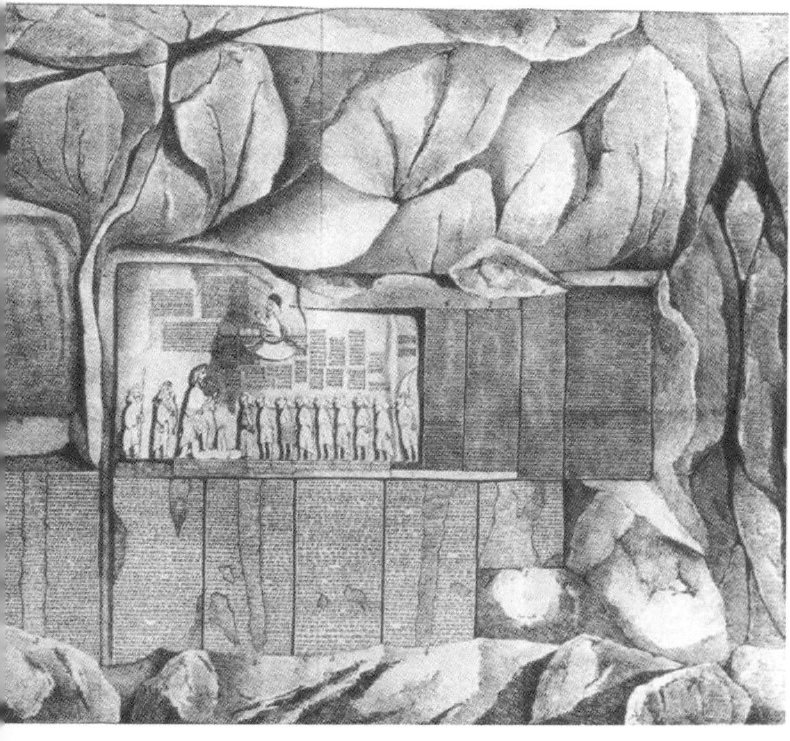

Foi um inglês, Sir Arthur John Evans, que descobriu, em 1900, nas ruínas do antigo palácio de Cnossos, fragmentos de placas de barro com inscrições que pareciam constituir uma escrita.

Evans consegue datar as três escritas do linear cretense

A mais antiga, muito fragmentada, dataria de 2000 a 1650 a.C. A mais recente, de 1750 a 1450 a.C., seria a que Evans nomeou de "linear A", e que ninguém, até hoje, conseguiu realmente decifrar, a não ser os signos do disco de Faístos. Por fim, Evans estabeleceu que em uma data indeterminada uma nova escrita, a qual chamou de "linear B", havia substituído a linear A. As placas recobertas de linear eram numerosas e o sábio inglês emitiu várias sugestões, indicando vários caminhos sobre essa escrita, antes de morrer, em 1941.

Reconstituição do palácio de Cnossos, em Creta, por Evans (abaixo). Segundo ele, a cidade de Cnossos, situada a 4 quilômetros do mar, compreendendo o palácio e as casas principais, contava 80 mil habitantes. Com o porto, o atual Héracleion, a população de Cnossos poderia ter atingido 100 mil habitantes.

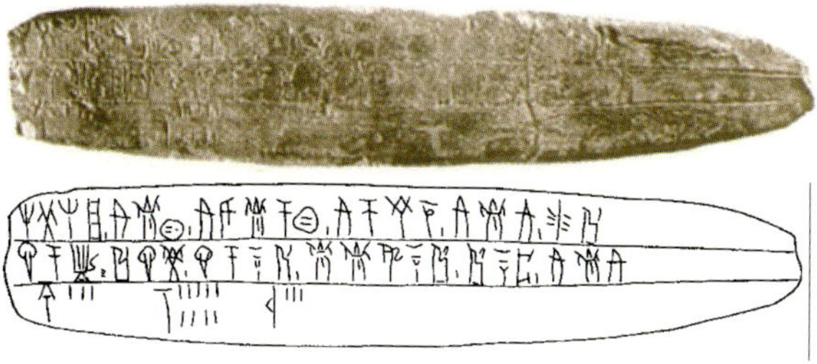

Os signos lineares (aqui, do linear B) usados durante os períodos minóicos aparecem sobre placas de argila ou sobre objetos encontrados não somente na ilha, mas também em todas as Cíclades e até mesmo na própria Grécia, o que leva à hipótese largamente admitida de que o cretense seria um derivado do aqueu, língua falada outrora, no segundo milênio, pelos gregos. Certos ideogramas são facilmente reconhecidos; porém, o valor de inúmeros outros signos permanece obscuro, como a língua que se esconde por trás dessa escrita.

Cinco anos antes da morte de Evans, um estudante jura a si mesmo reacender a chama

Em 1936, Evans fizera uma conferência em Londres sobre o tema "Essa civilização, há muito tempo esquecida, na ilha grega de Creta e a escrita misteriosa usada por esse povo fabuloso e pré-histórico". Entre os ouvintes, encontrava-se um estudante de 14 anos, apaixonado por línguas antigas. Esse adolescente chamava-se Michael Ventris. Naquele dia, em Burlington House, "ele jurou a si mesmo aceitar o desafio lançado pela escrita indecifrável dos cretenses; começou a se corresponder com especialistas; e quando chegou o momento certo a vitória sorriu-lhe onde os outros só haviam conhecido o fracasso".

A vitória de Michael Ventris consistiu em conseguir ler o linear B, e até mesmo em mostrar que essa escrita era, sem dúvida, aquela usada pelos habitantes de Micenas, na Grécia continental, na época em que lá viviam aqueles que se tornariam os heróis lendários de Homero. Só conseguiu esse feito ao cabo de uma sucessão de pequenas e contraditórias descobertas.

Seu amigo e companheiro de pesquisa, John Chadwick, resumiu em poucas palavras o gênio singular de Ventris, genialidade própria de todos os decifradores: "Ventris era capaz de discernir, na confusa diversidade dos signos dessa escrita, os esquemas e as constantes que revelavam a estrutura camuflada. É essa qualidade, o dom de captar a ordem sob a aparência da desordem, que é a marca dos grandes homens em tudo o que eles produziram."

De Faístos à ilha de Páscoa, muitos signos ainda esperam ser decifrados

Após a morte de Ventris, as pesquisas prosseguiram sem resultados tangíveis. Nem o linear A nem o disco de Faístos revelaram seus segredos. Também a escrita maia, em parte, e os estranhos signos que cobrem os megálitos da ilha de Páscoa guardam ainda seus mistérios. Mas foi com

paciência, paixão e lucidez que alguns homens conseguiram desvendar quase todas as escritas, aí compreendidas aquelas mais singulares, como as runas escandinavas e o "ogam" — o gaélico —, a mais antiga escrita conhecida dos celtas do País de Gales e da Irlanda.

Descobertas em 1721 pelo holandês Roggeveen, os Moa, essas estátuas monumentais fincadas na terra da ilha de Páscoa, parecem simbolizar um segredo de eternidade. E até hoje as placas de madeira e os glifos gravados com mais de quinhentos signos diferentes, pelas mesmas mãos que construíram essas estátuas, permanecem mudos para os decifradores...

A escrita foi investida de um sentido novo: o conhecimento da história do mundo

Esse lado obscuro da escrita, essa *terra incognita* constitui, talvez, o mais fascinante dos continentes, tanto pelo gênio de seus inventores quanto pelo de seus decifradores. A infinita beleza desses signos, que falam por si mesmos sem que seja necessário traduzi-los, encanta. Romance de enigmas, a história da escrita é a de uma metamorfose; nascida, há 6 mil anos, com o objetivo de contabilizar e de registrar a vida comercial de então, a escrita tornou-se uma maneira de pensar, de conceber, de criar, de ser. Ela será, daqui em diante, segundo a expressão de Roland Barthes, "a exigência de uma linguagem livremente produzida".

אנכי ה אלה
לא יהיה לך
לא תשא את
זכר את יום
כבד את אב
לא תרצח
לא תנאף
לא תגנב
לא תענה
לא תחמד

TESTEMUNHOS E DOCUMENTOS

A influência da técnica

Sobre o que e com quê? São as duas primeiras perguntas feitas quando se quer saber sobre a formação e a evolução de uma escrita, pois os signos dependem tanto da civilização que os forja quanto dos instrumentos que os traçam e do material que lhes serve de suporte.

O cobre, a cera, a seda

Sobre o quê? Sobre papiro (Egito), tela (Egito), placas de terra cozida (Mesopotâmia), pedra (Mesopotâmia), mármore (Grécia), cobre (Índia), couro (região do mar Morto), pele de cervo (México), casca de bétula (Índia), sisal (América Central), bambu (Polinésia), líber (seiva) de aloés (Índia), folhas de palmeira (Índia), madeira (Escandinávia), seda (China e Turquia), marfim (Autun — França), placas de cera (Egito, Europa ocidental).

Com quê? É evidente que o instrumento utilizado para escrever sobre cada um desses materiais não pode ser o mesmo: cálamos de caniço, pincel (de papiro sobre sedas animais), estilete e espátula, buril, pena de ganso etc.

O material e o instrumento mandam. Sabe-se muito bem que dois indivíduos de posse de um sistema gráfico conceberão seus signos de maneira totalmente diferente ao traçá-los um com o cálamo sobre o papiro, o outro com um estilete sobre o barro. E mesmo que, em vez de imaginar a grafia, eles se limitem a reproduzir um modelo já existente, ainda assim o resultado será diferenciado. Ao fim de certo tempo, a natureza do suporte condicionará o emprego do instrumento de tal sorte que nenhuma semelhança existirá mais entre o original e as reproduções, nem entre as próprias reproduções.

Poderia ainda acrescentar aos materiais próprios à escrita: o vidro, o osso, o chumbo, o ferro, não esquecendo o pergaminho, o velino e, logicamente, o papel. Pouco importa a extensão da lista. Nem todos foram suportes inventados, o que não os impediu de representar, na ocasião, um papel primordial. Embora a forma dos signos seja, inicialmente, o resultado do material e do instrumento, convém não perder de vista sua carreira posterior, cujo desenvolvimento pode colocar tudo em questão. Quando o papel, por exemplo, tornou-se de uso corrente, ou quando a posição da mão ao segurar a pena de ganso mudou, assistiu-se a transformações de estilos anteriormente fixados, mas não ao nascimento de novos sistemas gráficos. Isso não impede que o olho não exercitado veja escritas diferentes, o que quer dizer que é bastante difícil determinar, diante de uma escrita, a parte concernente ao material sobre o qual ela se encontra, salvo se houver certeza de que tal material é o de sua invenção, ou o que posteriormente mais a transformou.

Todos os povos se renderam à glória da inscrição lapidar. Deve-se, então, concluir que tal escrita, a nós chegada na forma exclusivamente epigráfica, jamais foi praticada diferentemente? Talvez ela tenha sido adaptada, ocasionalmente, à pedra por escribas que, em geral, a utilizavam sobre um outro suporte, infelizmente perecível, e que o tempo não permitiu conservar. Antes de qualquer outra informação, sem dúvida, o conhecimento do material de criação e de transformação nos ajuda a melhor compreender "por que certas línguas e escritas desapareceram sem deixar vestígios, ou subsistem somente por parcos traços, ao passo que outras, protegidas dos rigores do tempo, favorecidas pelo clima e confiadas a material pouco destrutível, continuaram intactas e puderam atingir a modernidade".

René Ponot,
Communication et langage, 1973

Os romanos fizeram falar a pedra ao inventarem a capitalis monumentalis. *Modelo de sobriedade e de pureza gráfica, a letra lapidar repousa sobre um princípio ao mesmo tempo simples e luminoso: um traço de sombra, um brilho de luz. Testemunha de uma civilização, a monumental romana é também o fruto de uma técnica.*

Sombra e luz

É o momento em que os romanos, a fim de fazerem lembrar aos povos conquistados o poder do Império, espalharam, por toda parte, monumentos clamando suas vitórias. As inscrições, que já não se encontravam à altura dos olhos, tornaram-se maiores e, em conseqüência, gravadas mais profundamente na pedra. Mesmo providos de cor, seus sulcos eram lidos em função das sombras consecutivas no ângulo sob o qual recebiam luz. Além disso, a água da chuva, tirando a tinta das partes verticais, tornava-as menos visíveis, ao passo que as partes horizontais, retendo e fixando a poeira, incorporavam seu efeito ao das sombras.

Correções ópticas se impunham, caso se quisesse conservar nas letras gravadas seu traçado de aparência uniforme. Isso só era possível ao se diminuir a espessura das partes horizontais em relação às verticais. O mesmo para as curvas, que deviam aumentar sua espessura ao se aproximarem da vertical, e diminuí-la ao dela se afastarem. Era "escrever com a sombra". Ninguém poderá negar que o estetismo aí esteja presente. Como explicar de outra maneira as duas verticais de um N — para dar somente um exemplo — mais finas do que a oblíqua que as une? O cálamo não pode produzir um cheio e dois finos nessa letra, salvo deslocamento da mão. Todavia, quem ousaria atribuir a um fator único toda a evolução de uma forma, qualquer que seja ela e em que domínio se encontre? Assim sendo, indiscutivelmente, é a técnica que sobressai, a menos que se queira mostrar voluntariamente a dificuldade, o que também, muitas vezes, aconteceu.

Obra coletiva,
De plomb, d'encre et de lumière: essai sur la typographie et la communication écrite, Imprimerie nationale, 1982

A arte de escrever à chinesa

Os mistérios de uma obra pintada, desenhada ou escrita residem tanto nos materiais que a compõem quanto nos propósitos dos quais ela é o objeto. A história das caligrafias chinesa e japonesa acompanha, ao longo de seu curso, a evolução de suas técnicas e de seus meios, a ponto de eles estarem indissociavelmente unidos.

Origens: Cai Lun e sua descoberta

Atribui-se a Cai Lun, funcionário da corte dos Han (25-220), a "invenção", em 107 d.C., de um material leve, formado por fibras vegetais moídas e aglomeradas em folhas. O mausoléu erigido perto de seu túmulo, na prefeitura de Gui Yang, encontra-se aberto à visitação. No entanto, é provável que o gênio de Cai Lun tenha consistido em pôr em prática e divulgar um processo utilizado por certos artesãos daquela época para recuperar fibras têxteis de cânhamo anterior à nossa era e proveniente da reciclagem de panos velhos. (...)

Essa primeira pasta empregada para fabricar papel na China era constituída, aparentemente, de fibras têxteis já usadas, moídas e em forma de folhas finas; portanto, uma reciclagem de tecidos, entre os quais a seda, tinha, sem dúvida, um lugar importante. Só mais tarde o uso de fibras inteiramente vegetais prevaleceu, para, enfim, chegar ao papel de hoje.

A inovação de Cai Lun consistiu, sem dúvida, em encontrar novas matérias-primas (velhas redes de pesca, cascas de vegetais etc.) para esse processo já popular em seu tempo, e em exaltar seus resultados perante as autoridades. Após essa descoberta, a difusão do novo material foi bastante rápida em todo o país.

História: a rota do papel

Por volta do ano 750 de nossa era, os árabes, vencedores em Samarcanda, teriam aprendido, com prisioneiros chineses, a técnica de fabricação do papel a partir de pedaços de pano de seda. Esse segredo, até então, fora zelosamente guardado pelos chineses, apesar do início de sua difusão, por volta de 600 d.C., em direção ao leste, na Coréia, e depois no Japão, onde foi implantado rapidamente, com o sucesso conhecido. Quanto ao papel pardo, fabricado no México pelos maias e, atualmente, pelos índios otomi, seria o vestígio das migrações em direção ao continente americano de povos protomongólicos pelo estreito de Bering e, depois, ao longo da costa do Pacífico... Assim, desenhava-se lentamente, em torno do globo terrestre, a Rota do Papel. Em direção ao oeste, pouco a pouco, a partir de Samarcanda, utilizando aquela que ganhara o nome de Rota da Seda, que era transportada em seu início, o papel partiu para a Ásia central, a Pérsia, o Egito, o norte da

África e, mais tarde, a Espanha, onde a primeira fábrica foi construída em 1154, mil anos após a descoberta (reconhecimento) de Cai Lun.

Ao longo de sua rota, o processo de fabricação conheceu múltiplas transformações. Observa-se que a seda, tornada por demais preciosa para estar sujeita, mesmo já usada, a semelhante tratamento de moagem, foi totalmente posta de lado — até mesmo pelos chineses — em proveito dos restos de cânhamo, algodão ou linho; e foi dessa forma que a técnica do papel se firmou, após numerosas etapas, no mundo muçulmano na Europa, onde é fabricado há séculos o papel dito "chiffon".

Origens da tinta na China

Contrariamente a outros tesouros das letras, é difícil saber quando a tinta apareceu na História. A origem lendária que lhe concedem, há muito tempo, as crônicas chinesas, atribuindo sua invenção a Tian Zhen, sob o reinado mítico de Huang Di, o imperador amarelo (2697-2597 a.C.), guarda veladamente o mistério do verdadeiro nascimento desse material. Foi também a época do surgimento dos caracteres chineses.

Princípios de teorias para a fabricação

O princípio de uma liga de cola e de fuligem é em si mesmo simples. Basta produzir, à maneira de qualquer outra substância colorida, um líquido preto, solúvel na água, apropriado para escrever ou pintar.

Mas como alcançar essa fluidez, essa estabilidade notável no tempo, essa dureza, essa solidez de pedra, essa profundidade brilhosa, ligeiramente azulada, atingidas pelas tintas de qualidade? As exigências dos calígrafos, e depois dos pintores, submeteram os fabricantes a uma prova de fogo. Os textos sobre a tinta e sua fabricação são numerosos, mas não é fácil tirar deles uma teoria ideal.

Nota sobre "a tinta da China" ocidental

A tinta tal como é fabricada na China, quase indelével, submetida ao tratamento de alta umidade exigida pelos pintores chineses, é de notável estabilidade. A tinta nanquim, conhecida em francês como *encre de Chine* (tinta da China), e chamada em inglês de *india ink*, só tem de chinês ou indiano o nome. Assim chamada por sua indelebilidade, explicada pela presença de uma resina em sua liga, encontra diversos empregos em vários ramos da arte gráfica (desenho, aquarela, partituras musicais, impressão de projetos etc.).

O pincel, caractere chinês.

Sua composição, que pode variar quanto à natureza da resina empregada, é, pois, diferente daquela da tinta chinesa. Quanto às tintas comuns, notadamente a tinta para caneta (tinta de escrever), não é recomendada para ser usada sobre papéis orientais; sua fugacidade extrema as condena a desaparecer à menor umidificação do suporte, tornando qualquer correção impossível. Os japoneses usavam o termo inglês *ink* para designar esses produtos pouco estáveis, pouco duradouros. A tinta em bastão guarda, no Japão, seu nome chinês, pronunciado *sumi*.

A ponta

Para a caligrafia, uma boa ponta é indispensável. Cada traço deve ser realizado com a ponta central do pincel. Os traços feitos com a ponta lateral, produzidos com o pincel na posição horizontal, devem ser evitados, embora, às vezes, sejam mais fáceis de traçar; danificam a ponta, obrigam a reconstituí-la, mergulhando o pincel outra vez na tinta, e seu aspecto fraco e pouco firme tira do conjunto o vigor e a continuidade.

Os pincéis atuais são fabricados segundo o princípio da "coluna" e da "capa". O espaço vazio entre esses dois elementos constitui, uma vez o pincel molhado de tinta, um reservatório que se comporta, um pouco, como o cartucho de uma caneta. Existem até, na coleção do Shosoin de Nara, pincéis de pequeno talho, datados do século VIII da nossa era, cujo centro é um núcleo de pasta de papel, envolto por longos pêlos, formando uma ponta muito fina. Eram, aparentemente, empregados somente para desenhar caracteres minúsculos nos quais só a ponta trabalhava. Observa-se, portanto, já naquela época, o cuidado de minimizar o inconveniente da necessidade de recarregar o pincel constantemente e de conservar, por conseqüência, esse sopro, que é o mais importante critério de qualidade de uma caligrafia. Trata-se aqui, nada mais, nada menos, do ancestral da caneta de feltro, que é, não esqueçamos, uma invenção japonesa.

A ferramenta do calígrafo

A escrita chinesa pode, então, tomar o impulso que manterá ao longo dos séculos. Sob os Han, as novas possibilidades oferecidas pelo emprego do pincel já aparecem na pintura: em afresco — no qual, como se sabe, o fato de pintar sobre a camada fresca exclui, também, qualquer possibilidade de correção — o pintor utiliza o traço não como um simples contorno, mas como um verdadeiro elemento expressivo.

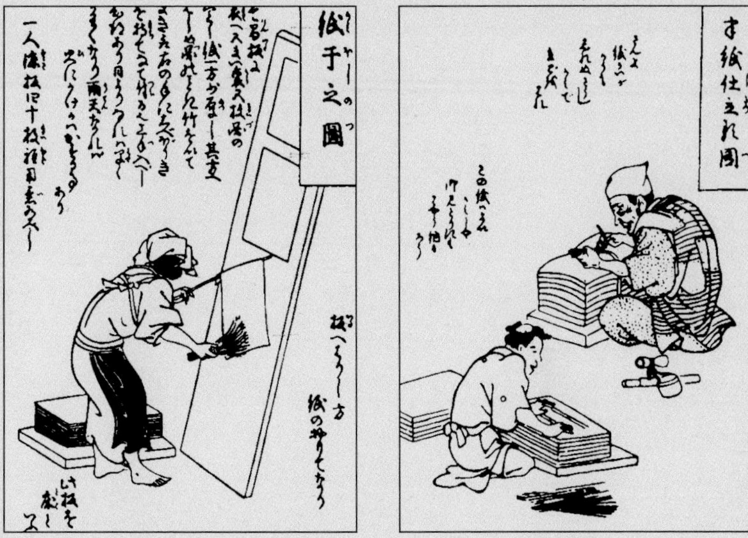

À esquerda e acima, fabricação tradicional do *washi*, o papel japonês.

Na pintura sobre seda ou sobre papel, o traço desempenhará, durante muito tempo, um papel preparatório no trabalho do pintor. Sobre um vago esboço feito a carvão, uma fina linha regular vem discretamente contornar a figura no interior da qual serão aplicadas, em seguida, as cores.

A caligrafia toma um grande impulso sob a dinastia Jin (265-419) com a escrita regular e cursiva. Sob os Tang (618-907), finalmente, o pequeno pincel de cabeça curta toma o lugar do cone longo de pêlos macios que traçam com ardor os caracteres *Caoshu*. E foi com essas inovações e com o sucesso por elas trazido que o traço livre, caligráfico, toma, na pintura, um lugar e uma função expressivos, um papel essencial por ele conservado. O movimento da pintura dos mestres e o dos pintores Chan vieram enfatizar sua importância. Escrita e pintura serão, para sempre, inseparáveis.

Segurar um pincel...

Mergulhar um pincel na tinta, segurá-lo na vertical acima de uma folha de papel e nela fazer um traço, isto leva alguns segundos. A dificuldade para desenhar o traço desejado é um pouco angustiante, quando se sabe que a capacidade de absorção imediata do papel ou da seda torna qualquer correção, modificação ou supressão impossíveis, e também que a textura por demais fina do pêlo transmite infalivelmente cada tremor da mão ou do braço...

Claire Illouz,
Les Sept Trésors du lettré: les matériaux et la peinture chinoise,
Erec, 1985

Caligrafia árabe

Etimologicamente, quer dizer bela escrita. Pragmaticamente, é a fronteira frágil e movediça entre a arte e a necessidade de expressão, entre o desenho e a escrita dos signos. Em todos os tempos e lugares, em toda parte onde a escrita foi usada, existiu a arte do traçado perfeito e, em geral, uma ou diversas corporações, gravadores ou copistas exercendo-a.

Entre os povos muçulmanos cuja religião proíbe a reprodução da figura humana, a caligrafia foi elevada ao mais alto grau; todo o esforço do artista está ali concentrado.

Conteúdo

A significação de um texto é uma coisa, sua caligrafia, outra; às vezes, as duas estão intimamente ligadas. A caligrafia não é somente a fixação de um texto, mas também uma composição abstrata que exprime uma concepção do mundo.

A relação entre a forma espacial das letras negras e a brancura que a envolve será estudada com método e minúcia. A caligrafia tradicional, conhecendo, à perfeição, sua arte, fará nascer uma composição poderosa, portadora de sentimentos e idéias, passarela que conduz ao sentido real das palavras escritas. Quem olha uma caligrafia percebe primeiramente seu aspecto plástico para só depois se preocupar com sua significação. Com freqüência, a informação fica prejudicada pelos efeitos estéticos.

A dimensão caligráfica provém da riqueza e da variedade dos níveis de percepção: a composição ou forma global; depois, o equilíbrio ou o desequilíbrio sugeridos pelos espaços brancos e negros, o ritmo; em seguida, a decifração da significação primeira das palavras e de sua significação subjacente, conotativa.

Preparação

No coração de nosso sobressaltado século XX, no qual predominam rapidez e rentabilidade, a caligrafia continua sendo a arte da paciência, na qual não se podem queimar etapas. O calígrafo precisa de vários anos de aprendizado e deve assimilar toda a cultura relativa à sua arte. Deve fazer exercícios, copiando os grandes mestres, pois a descoberta da riqueza deles contribuirá para aperfeiçoar sua visão estética.

Uma árvore frutífera desenvolve-se lentamente e extrai da terra sua seiva, que levará à maturidade seus frutos e dará a cada um seu gosto, sua cor, seu aroma. É assim que o calígrafo deve amadurecer sua caligrafia. O exercício desperta o saber lentamente amealhado nas fibras de seu corpo, liberando milhares de tonalidades.

Saber e estado da alma do calígrafo orientam-se, concentram-se e convergem em direção ao bico do caniço; aí nasce o ponto, o traço, a palavra saída da tinta como o sangue das veias. Ele funde-se inteiro em sua tinta para renascer na ponta de seu caniço.

Sopro

A capacidade do calígrafo em reter sua respiração se reflete na qualidade de seu gesto. Existe uma técnica respiratória. Na maioria das vezes, respira-se instintivamente. O calígrafo aprenderá, ao longo de sua formação, a controlar sua respiração e a aproveitar uma pausa no desenho da letra para retomá-la.

Um movimento prolongado ou curto não será o mesmo caso se inspire ou se expire durante sua execução. Quando o movimento é longo, para que a linha fique perfeita, o calígrafo retém sua respiração, a fim de não prejudicar o gesto. Antes de caligrafar uma letra ou uma palavra, é preciso prever os instantes em que será possível retomar a respiração e, também, a ocasião de se abastecer de tinta. Essas paradas acontecem a intervalos precisos e codificados, mesmo que se possa ainda reter a respiração e ainda reste alguma tinta no caniço. As paradas servem, pois, para o reabastecimento de ar e de tinta.

Os calígrafos perpetuadores dos métodos tradicionais não gostam de utilizar penas metálicas com reservatório, porque provocam um fluxo de tinta ininterrupto que torna inútil tal controle e faz com que o calígrafo perca o prazer de sentir o peso do tempo.

Concentração

O momento em que o calígrafo concentra-se é o começo de um impulso que o libertará de uma dificuldade opressiva. E ele buscará, no mais fundo de si mesmo, seu próprio caminho.

Seu corpo inteiro deve participar do ato caligráfico e deve estar em sintonia com seu espírito. A concentração exige um vazio visual e auditivo. O calígrafo deve criar para si um ambiente tranqüilo; seu tempo não deve estar limitado por problemas da vida exterior. Ele construirá o vazio, como se todas as

Duas formas distintas de caligrafia: no alto, caligrafia de Bagdá, 1952. Abaixo, caligrafia Thoulty, em espelho, de Rassa, 1903.

Nome de Alá. Seus atributos estão caligrafados em pequenos caracteres na espessura da letra.

coisas desaparecessem à sua volta. Um vazio esférico do qual ele seja o centro; quanto mais sua concentração aumenta, mais ele se aproxima desse centro. Descobre, então, um mundo rico, tornando-se seu próprio mestre. Perde seu peso, sua mão torna-se alada e sua expressão, mais profunda e mais autêntica. Sua energia atinge o auge e ele passa essa energia para suas letras.

A concentração é uma abertura para uma outra visão, mais clara e mais límpida.

Além das regras

Os códigos são os guardiões da tradição, o liame entre as diferentes gerações de calígrafos. Certamente, podem variar de um país a outro ou de um mestre a outro.

Os códigos servem para controlar a excitação interior do calígrafo e o fluxo transbordante de seus sentimentos. Suscitam debates acalorados entre calígrafos. Seu sistema de medidas fornece uma referência ideal ao julgamento. Porém, é necessário ultrapassar as regras estabelecidas: para atingir sua arte, o calígrafo deve transgredi-las após tê-las seguido, pois de uma composição caligráfica deve-se depreender algo de indefinido, impalpável, poderoso, fora de qualquer norma.

Espaço

O espaço branco da folha branca é modificado plasticamente pela caligrafia, forma de expressão ofertada ao olhar e à meditação. Em uma composição caligráfica,

Composição em estilo Jeli Diwani de Hachem, 1957.

o vazio não existe; existe apenas o espaço negro ou o espaço branco e cada espaço, quer seja negro ou branco, deve encontrar sua força. Pode-se esboçar uma comparação entre a caligrafia e a arquitetura. Uma arquitetura existe para definir um espaço onde se vive; o vazio é real e importa tanto quanto a parede cheia.

O espaço, em caligrafia, encontra seu valor em sua relação com as letras negras, e vice-versa.

Expressão

A alegria, a felicidade, a paz, a angústia e a violência social são assimiladas e expressas na arte do calígrafo. Por sua capacidade em receber essas emoções, em dar-lhes vida, sua linguagem pode tornar-se universal, mesmo que sua base seja o alfabeto árabe, indecifrável para muitos. Graças à utilização do caligrama — letra-imagem, palavra-imagem —, significação e visualização tornam-se universais.

Como o calígrafo vivencia sua arte, ele é a expressão gestual dela, alça vôo com a leveza de uma letra ou carrega o peso de uma outra. A expressão, para ele, pode ser um grande momento de liberdade. Berra o que tem a dizer e espalha suas palavras.

As caligrafias, que reproduzem aquelas dos séculos passados sem mudar a atmosfera das composições, são postas à margem em nossa época. Aquelas dos monumentos antigos, inovadoras e fecundas em seu tempo, não nos falam o que falavam outrora. A cada época, sua visão.

Hassan Massoudy,
La calligraphie árabe vivante,
Flammarion, 1981

A arte e as funções da tipografia

Desde a origem da tipografia, houve conflito entre a forma e o conteúdo. A forma era o livro impresso. O conteúdo era o pensamento veiculado pelo livro. Durante dois séculos, esse conflito se reduziu e tornou-se negligenciável. Depois se desfez. A partir do século XIX, a dinâmica da arte tipográfica incentivou uma irresistível união entre o significante e o significado.

Tory, discípulo de Dürer e de Da Vinci

Tory encerra no O, o redondo perfeito, as sete artes liberais, e confia ao I, outra letra fundamental, a tarefa de representar as nove musas. Finalmente, encorajado, sem dúvida, pela ousadia de sua descoberta e sem recuar diante de nenhuma figura acrobática, reuniu as sete artes liberais e as nove musas sob o aspecto de um flajolé (espécie de flauta de sete orifícios), que, visto da parte posterior e em perspectiva, faz lembrar, ao mesmo tempo, um O em pé e um I deitado. Ao mesmo tempo que permitem o encontro da linha reta com o círculo, essas duas letras simbolizam os dois órgãos genitais; dessa união, situada sob o signo da deusa Io, nasceram todas as letras do alfabeto... Finalmente, com a ajuda do olho e do compasso, Tory dispõe as 23 letras do alfabeto do seu tempo em torno de um O central no qual está inserido um sol cujos 23 raios correspondem às nove musas, às sete artes liberais, às quatro virtudes cardinais e às três graças.

Das 23 letras passadas em revista no *Champ fleury*, descritas, comentadas, detalhadas com um cuidado tão meticuloso, algumas merecem ser analisadas mais particularmente.

A letra A "tem pernas distanciadas e quebradas, como os pés e as pernas de um homem andando e passando adiante". Além disso, a barra transversal do A "cobre precisamente o membro genital do homem, para demonstrar que pudor e castidade, antes de tudo, são virtudes indispensáveis àqueles que querem ter acesso e entrada nas letras, das quais o A é a entrada e a primeira em todos os abecedários".

Além do mais, Tory construiu o A com a ajuda de uma régua e de um compasso, que representam, respectivamente, a rainha e o rei.

A letra D é a imagem da "plataforma (palco) do teatro, como vi em uma cidade perto de Avignon"... Esse palco, tendo a "face dianteira em linha reta e a face traseira em circunferência, pode muito bem ser considerado a letra D".

A letra H representa "o corpo de uma casa, assim entendido: a parte abaixo da linha transversal, que classifico de cêntrica e diametral, é para salas e quartos baixos; e a parte acima da linha é para fazer paralelamente salas altas e quartos grandes e médios".

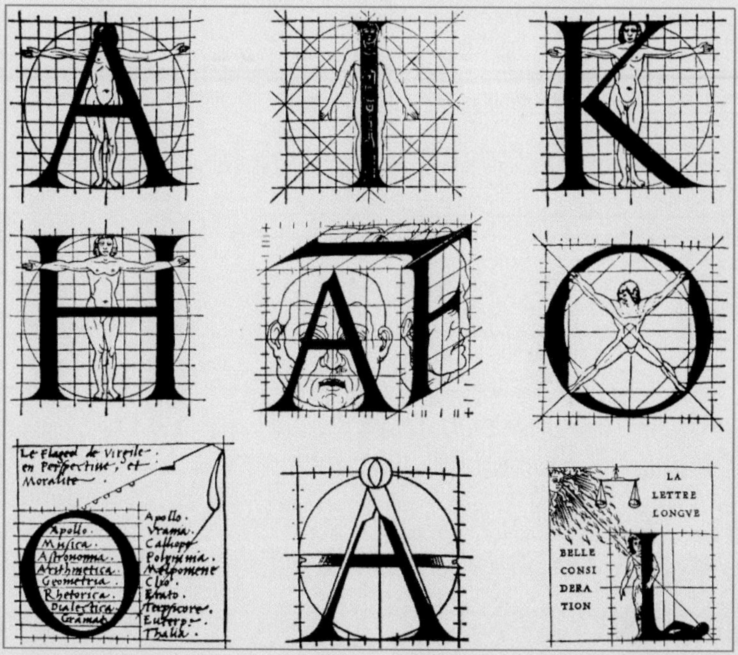

Alfabeto Geoffroy Tory, por volta de 1520, utilizando os modelos arquiteturais de Da Vinci e de Dürer, os volumes, a perspectiva.

A letra I: "Aqui, não posso passar adiante sem mostrar que nossas citadas letras foram inventadas por inspiração divina. É certo que o rei dos poetas gregos, chamado Homero, no início do Livro VIII de sua *Ilíada*, afirma que, outrora, Júpiter dissera que de uma corrente de ouro puxaria, para si, se assim quisesse, todos os outros deuses, e até mesmo, com eles, a terra e o mar." Se imaginarmos tal corrente de ouro pendendo do céu até nossos pés, veremos que ela é "de comprimento e largura bem proporcionados e convenientes à simetria de nossa letra proporcional I..." O tema dessa corrente de ouro percorre a obra de Tory, às vezes associado a outras alegorias, como aquela do ramo de ouro "que tem 23 folhas, em secreta conotação com as 23 letras do alfabeto". Esta última imagem, tomada de Virgílio, mostra as influências antiga e italiana em Tory. "Vi o Coliseu mais de mil vezes", disse ele. O Coliseu tinha, outrora, quando completo, a forma da letra O, "completamente redondo por fora, e por dentro, oval".

A letra L lembra uma outra alegoria situada sob a signo de Libra. Encontra sua forma na imagem do corpo humano e de sua sombra projetada, "o Sol estando no signo da balança". A letra M, por sua vez, é objeto de uma interpretação mais prosaica: ela é "como são alguns homens, que são tão gordos que sua cintura é maior do que a altura do corpo".

É a letra Q, porém, que permite a imagem mais engraçada. Após ter observado que "a letra Q é a única entre todas as outras letras que ultrapassa a linha para baixo", e ninguém soube explicar a razão, Tory prossegue: "Tanto pensei e ruminei em torno dessas ditas letras áticas que acho que o Q sai para fora da linha porque não se deixa escrever de corpo inteiro sem seu companheiro e bom irmão, o V; e, para mostrar que o deseja sempre depois dele, vai abraçá-lo com seu rabinho por baixo..."

Pronunciar a letra S é "assoviar, sibilar, igual ao som estridente de um ferro quente mergulhado na água".

A letra Y, enfim, a exemplo das "vaidades" pintadas pelos contemporâneos de Tory, é o emblema das volúpias e das virtudes. Geoffroy Tory prevê as críticas que lhe serão endereçadas. "Não duvido de que difamadores e mal-humorados rosnarão", profetiza ele; mas isso não o impedirá de escrever sua "fantasia e especulação, para agradar e servir aos bons estudantes".

Inimigo de todo pedantismo, Tory reencontra Rabelais (talvez nascido no mesmo ano que ele) para a alegria do espírito e humor do propósito. Eis, a título de exemplo, como dá início ao primeiro livro do *Champ fleury*: "Na manhã do dia da Festa de Reis, depois de ter dormido e repousado e após meu estômago, feliz com a carne que comi, fazer a digestão, quando contávamos o ano de 1523, pus-me a fantasiar e a mover a roda da memória deitado em meu leito, pensando em mil pequenas fantasias, tanto sérias quanto alegres, entre as quais me veio alguma letra antiga que recentemente fizera..."

Massin, *La Lettre et l'image*, Gallimard, 1972

O trabalho do tipógrafo, como qualquer outro artesanato, está estreitamente ligado à sua época e submetido às exigências e aos meios de seu tempo. Nele coexistem dois aspectos: de um lado, depende do objetivo prático que lhe é imposto e, de outro, é a expressão de um domínio artístico formal.

Considerada a distância, cada época nos proporciona uma imagem dela mesma concluída e homogênea. Os caracteres góticos indicam um parentesco impressionante com as obras da época; o "modern-style" do início do século XX transparece no estilo de Otto Eckmann, e o construtivismo dos anos 1920 se manifesta nas realizações da Bauhaus. Para seus contemporâneos, uma época não parece simples e clara, mas, antes, caótica e desconcertante. Do século XX, deveríamos discernir os vestígios marcantes. As características resultam das tentativas e dos esforços em encontrar uma solução válida para os problemas atuais, e é exatamente aí que a imprensa pode tornar-se uma verdadeira testemunha dos fatos desconhecidos de nosso tempo. Os diversos campos de criação não possuem autonomia e a tipografia não pode se dissociar da evolução geral sem se condenar à esterilidade. Entretanto, mesmo aceitando seu condicionamento técnico, ela pode e deve preservar certa independência e, assim, escapar de uma sujeição estéril.

Se, às vezes, chega-se a lamentar que a tipografia se aposse facilmente dos embaraços do dia, isso é preferível a um afastamento que lhe seria mortal.

De resto, o verdadeiro criador não se preocupa com a moda; ele sabe que a vontade onisciente não conta na busca de um estilo e que este nascerá de um lento processo inconsciente.

Técnica, precisão e ordem encontram sua expressão na tipografia, melhor ainda do que na arte gráfica aplicada. Em tipografia, não se trata mais de postulados artísticos, de uma aspiração, para satisfazer um instinto criador, mas do lado artesanal da criação, da aplicação para executar cotidianamente um trabalho formal e funcional. A produção mecânica dos caracteres e a paginação, segundo um sistema de medida precisa, exigem uma construção rigorosa e relações claramente estabelecidas.

A disposição, caráter específico da tipografia, desenvolveu-se nas realizações de tabelas, sem ficar, de forma alguma, inferiorizada por essa subordinação funcional. Um atrativo, uma certa beleza emanam desses quadros bem construídos, e a página mais simples e banal de horários pode prevalecer sobre uma obra fortuita na qual se acumulam formas e cores.

A tipografia participa, igualmente, das realizações publicitárias; e na enorme competição atual de idéias e produtos, ela soube encontrar seu lugar e sua reputação. A arte tipográfica consiste em interpretar e em construir o texto com a ajuda da escolha certa e precisa de caracteres entre os numerosos jogos de formas, indo do fino ao grosso, do curto ao alongado.

O tipógrafo dispõe de séries de conjuntos de tipos perfeitamente harmonizados e precisos; resta-lhe considerar o admirável conjunto das vinte séries que compõem o *Univers* (Universo) que permitem cor e unidade tipográfica perfeitas. É preferível que a tipografia concentre seus esforços em ordenar e ter domínio sempre maior sobre o acúmulo, mais ou menos caótico, de inscrições que submergem nosso mundo.

Por serem desprovidas de pretensões artísticas, muitas obras de imprensa extraem sua beleza dessa modéstia com a qual atingem seu objetivo. Respondem ao desejo de Stanley Morison, que pensava que uma composição tipográfica era, como um meio de comunicação, uma obra de precisão da maior utilidade.

Emil Ruder,
Typographie, A. Niggli, 1967

Anúncio publicitário desenhado por Cassandre, 1934.

O elogio da escrita

Prazer do papel, da mão, peso do braço sobre a mesa, a escrita associada ao gesto criador. Roland Barthes medita sobre esse aspecto essencial da escrita no prefácio de La civilization de l'écriture *(*A civilização da escrita*) e em* O império dos signos.

Já me perguntei inúmeras vezes por que eu gostava tanto de escrever — de próprio punho, bem entendido — a ponto de, em muitas ocasiões, o esforço ingrato do trabalho intelectual ser recompensado, a meus olhos, pelo prazer de ter diante de mim — qual mesa de bilhar — uma bela folha de papel e uma boa pena. Raciocinando sobre o que devo escrever — é o que acontece neste momento —, sinto minha mão movimentando-se, girando, ligando, mergulhando, levantando e, com freqüência, em virtude do jogo das correções, riscando ou fazendo surgir a linha, ampliando o espaço até a margem, construindo assim, com traços pequenos e aparentemente funcionais (as letras), um espaço que é, simplesmente, o espaço da arte: sou um artista, não que eu represente um objeto, porém, mais fundamentalmente, porque, durante o ato de escrever, meu corpo frui do prazer de traçar, de talhar ritmicamente uma superfície virgem (virgem infinitamente possível).

Este prazer deve ser muito antigo: séries de incisões regularmente espaçadas foram encontradas nas paredes de algumas cavernas pré-históricas. Já seria a escrita? De forma alguma. Tais traços, sem dúvida, nada queriam dizer; mas seu próprio ritmo denotava uma atividade consciente, provavelmente mágica ou, mais amplamente, simbólica: o traço dominado, organizado, sublimado (pouco importa) de uma pulsão. O desejo humano de fazer uma incisão — com o buril, o cálamo, o estilete, a pena — ou de acariciar — com o pincel ou a caneta de feltro — passou, sem dúvida, por muitos fantasmas que ocultaram a origem propriamente corporal da escrita. Contudo, basta que, de tempos em tempos, um pintor (tal como, hoje, Masson ou Twombly) incorpore formas gráficas à sua obra para que sejamos conduzidos a essa evidência: escrever não é somente uma atividade técnica, mas é também uma prática corporal de prazer.

Coloco essa causa em primeiro lugar justo por ser comumente censurada. Isto não quer dizer que a invenção e o desenvolvimento da escrita não tenham sido determinados pelo movimento da História mais imperioso — a história socioeconômica. Sabe-se muito bem que na região mediterrânea (em oposição à região asiática) a escrita nasceu das necessidades, dos impasses comerciais: o desenvolvimento da agricultura, a necessidade de constituir reservas de grãos obrigaram os homens a inventar um meio de memorizar a produção para toda a comunidade e tentar controlar o tempo da conservação e o espaço da distribuição. Assim, nasceu, entre nós, a escrita.

Hoje, todos escrevem. E, então, a escrita não tem mais história? Não temos mais nada a dizer sobre ela? (...) É cedo demais para dizer o que o homem moderno está investindo dele mesmo na nova escrita, na qual a mão fica ausente; a mão talvez, não o olho. O corpo permanece ligado à escrita pela visão; existe uma estética tipográfica. Portanto, todo livro é útil, ele nos permite ultrapassar a simples leitura, revelando-nos a oportunidade de ver na letra, como os antigos calígrafos, a projeção enigmática de nosso próprio corpo.

Roland Barthes, prefácio de *La civilisation de l'écriture (A civilização da escrita)*, de Roger Druet e Herman, 1976

A papelaria japonesa tem por objeto uma escrita ideográfica que parece, aos nossos olhos, derivar da pintura, embora, na verdade, estejam fundidas — é importante que a arte tenha uma origem escritural e não somente expressiva. Tanto mais que a papelaria japonesa inventa formas e qualidades para as duas matérias primordiais da escrita, a saber: a superfície e o instrumento que traça, tanto mais, comparativamente, que ela negligencia as excentricidades que formam o luxo fantástico, exótico, das papelarias americanas: o traço, excluindo aqui a rasura ou a retomada — pois o caractere é traçado *alla prima* —, nenhuma invenção da borracha ou de seus substitutos (a borracha, objeto emblemático do significado que se quer apagar ou do qual se quer, ao menos, minimizar, adelgaçar a plenitude; mas para nós, do lado do Oriente, por que as borrachas, se o espelho está vazio?). Tudo, na instrumentação, é dirigido ao paradoxo de uma escrita irreversível e frágil, que é, ao mesmo tempo, contraditoriamente, incisão e deslizamento; papéis de mil espécies, dentre os quais muitos permitem adivinhar, em seu grão moído de palhas claras, de talos esmagados, sua origem herbácea; cadernos cujas páginas estão duplamente dobradas, como as de um livro que não foi cortado, de sorte que a escrita se movimenta através de um luxo de superfícies, ignorando a perda da cor, a impregnação metonímica do avesso e do direito (ela é desenhada sobre um vazio): o palimpsesto, o traço apagado que por aí se torna um segredo, é impossível. Quanto ao pincel (passado sobre uma pedra de tinta ligeiramente umedecida), possui seus gestos, como se fosse o dedo; mas, enquanto nossas penas antigas só conheciam o empastamento ou o desprendimento e só podiam arranhar o papel sempre no mesmo sentido, o pincel pode deslizar, torcer-se, levantar, concretizando o traçado, por assim dizer, no volume do ar; ele possui a flexibilidade carnal, lubrificada, da mão. A caneta de feltro, de origem japonesa, pegou carona no pincel: essa caneta não é um aperfeiçoamento da ponta proveniente da pena de aço ou de cartilagem, mas é descendente direta da pena do ideograma. Esse pensamento gráfico para o qual se volta toda a papelaria japonesa é encontrado paradoxalmente (pelo menos para nós) até na máquina de escrever; a nossa apressa-se em transformar a escrita em produto comercial: ela pré-edita o texto no exato momento em que é escrito; a deles, por causa de seus inumeráveis caracteres, não alinhados em letras sobre uma única frente impressora, mas enrolados em tambores, atrai o desenho, a marchetaria ideográfica dispersa pela folha, em uma palavra, o espaço; assim a máquina prolonga, ao menos virtualmente, uma arte gráfica verdadeira que não seria mais um trabalho estético da letra solitária, mas a abolição do signo, lançado ao acaso, a toda velocidade, em todas as direções da página.

Roland Barthes, *O império dos signos*, Skira, 1970, Le Seuil, 2005

Escrever a música

A escrita é um testemunho, um sismógrafo tanto dos sentidos quanto dos sentimentos. Ela registra, interpreta, traduz. Assim, a escrita musical é, mais que qualquer outra, uma notação. Por meio da extensão dos sons, sua intensidade, suas vibrações, a distância que os separa, o tempo e o volume de cada frase, a escrita musical traduz a dinâmica e a força da emoção. E, quando um músico lê uma partitura, ele a escuta.

Problemas de notação

Como músicos, estamos constantemente diante da questão de saber como um compositor fixa suas idéias e seus desejos e como tenta transmiti-los a seus contemporâneos e à posteridade. Incessantemente, percebemos os limites desse esforço, constatando as tentativas feitas por diversos compositores para evitar a ambigüidade por meio de indicações mais ou menos precisas. Uma espécie de notação pessoal forma-se, então, em cada compositor, e só poderá ser decifrada se o estudarmos em seu contexto histórico. Além disso, existe um erro muito difundido, e dos mais perigosos, que consiste em acreditar que as notas, as indicações de caractere e de movimento e também os diferentes matizes, os diferentes graus de força e suavidade, tenham tido sempre a mesma significação que hoje. Essa ótica errada foi propagada pelo fato de que, há séculos, utilizam-se os mesmos signos gráficos para

Escrita gregoriana extraída de um *Gradual romano* do século XIX.

Manuscrito de J.S. Bach das séries para violoncelo (fac-símile).

anotar a música, sem que se preste atenção suficiente ao fato de que a notação não é simplesmente um método atemporal e internacional para transcrever a música, válido por vários séculos; a significação dos diferentes signos de notação transformou-se, seguindo as evoluções estilísticas da música, as intenções dos compositores e dos executantes. Podemos estudar suas diferentes acepções de duas maneiras: como parte das obras didáticas ou retirando-as do contexto musical e filológico, o que comporta sempre riscos de erro. A notação é, pois, um sistema de rébus (enigmas) extremamente complexo. Quem jamais tentou traduzir em notas uma idéia musical ou uma estrutura rítmica pensa que seja relativamente fácil. Entretanto, mesmo que se peça a um músico para tocar o que está escrito, sente-se que ele não executa totalmente o que se imaginava.

Temos, pois, uma notação que deve nos informar tanto sobre as notas isoladas quanto sobre o desenvolvimento das peças musicais. Todavia, deveria estar evidente para todo músico que essa notação é bastante inexata, que ela não nos indica com precisão o que quer nos dizer: não nos fornece nenhuma indicação sobre a extensão de um som, nenhum indício sobre sua altura nem, tampouco, sobre seu tempo, pois os critérios técnicos requeridos não podem ser transmitidos pela notação. Só se poderia indicar com precisão absoluta a duração de uma nota por meio de uma unidade de tempo; sua altura só poderia ser rigorosamente representada por uma freqüência; um tempo constante poderia eventualmente ser indicado pelo metrônomo — mas não existe tempo constante.

Não é de fato espantoso que músicas completamente diversas por sua essência e seu estilo — como, por exemplo, uma cena de ópera de Monteverdi e uma sinfonia de Gustav Mahler — tenham sido escritas com a mesma notação? Mesmo quando se tem consciência das diferenças extremas entre os diversos gêneros musicais, deve parecer estranho que desde aproximadamente 1500 sejam utilizados os mesmos signos para a música de todas as épocas e de todos os estilos.

Apesar dessa identidade dos signos gráficos, podem-se distinguir dois princípios radicalmente diferentes quanto a seu emprego: a obra, a própria composição, escrita, não estando aí indicada pela notação sua representação detalhada; a execução, escrita — a notação é, ao mesmo tempo, uma indicação de como tocar; ela não mostra, como no primeiro caso, a forma e a estrutura da composição que devem ser encontradas com base em outras informações, porém, mostra sua representação o mais exatamente possível: é assim que se deve tocar aqui. A obra se liberta, por assim dizer, dela mesma, quando de sua execução.

Até por volta de 1800, a música foi sempre escrita seguindo o princípio da obra e, depois, por indicação de como tocá-la.

Retrato de Beethoven por Bayrle caligrafado com um fragmento de sonatas, 1972.

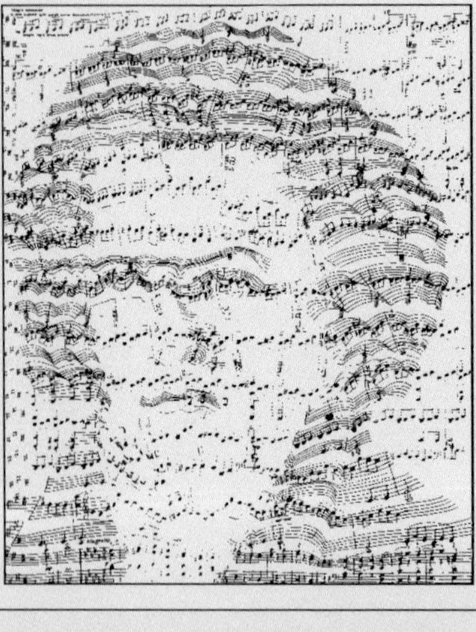

Existem, entretanto, numerosos cruzamentos; por exemplo: as solfas (notação da posição dos dedos) para certos instrumentos, desde os séculos XVI e XVII, são verdadeiras indicações de como executar a música e que não representam a obra graficamente. Essas solfas mostram, de maneira precisa, onde o músico deve colocar os dedos para fazer vibrar as cordas de um alaúde, por exemplo, e tão bem que a música pareça estar nascendo no momento de sua execução sonora. Quando se observa uma solfa, não se consegue imaginar sons, pois só se vêem as posições — trata-se aqui do caso extremo de notação, o de como tocar o instrumento. Nas composições posteriores a 1800, escritas segundo a notação habitual de execução, como nas obras de Berlioz, de Richard Strauss e de muitos outros, o que está indicado, o mais precisamente quanto possível, é como o que está escrito deve soar; somente por meio de uma execução perfeita dessas notas, respeitadas todas as indicações, é que nasce a música.

Se, em contrapartida, desejarmos tocar a música notada seguindo o princípio da obra, anterior ao limite estabelecido (em torno de 1800), falta-nos um "modelo" exato.

Será necessário, então, recorrer a outras fontes. Isso acarreta um grave problema pedagógico, pois, normalmente, aprende-se, em primeiro lugar, a notação, para em seguida dar forma à música. Entretanto, ninguém diz aos alunos que é necessário ler a música em outro tipo de notação, isto é, o modo de executá-la. Tanto professores quanto alunos têm pouca consciência de que existem duas maneiras fundamentalmente opostas de ler uma música: 1. a composição propriamente dita; 2. sua execução. Essas duas possibilidades diversas de leitura de uma única anotação — notação da obra e indicação de sua execução — deveriam ser apresentadas a todo músico desde o começo de seu aprendizado teórico, instrumental e vocal, sem o que cantará ou tocará nos dois casos "o que está marcado" (exigência corrente entre os professores de música), não podendo, então, absolutamente fazer justiça à notação da obra por não tê-la analisado. Talvez a noção de ortografia permitisse explicar tudo isso mais simplesmente. Existe uma ortografia musical, originária de tratados de música, de teorias musicais, de tratados de harmonia. Dessa ortografia resultam certas particularidades de notação; assim, o fato de suspensões, trinados e apojaturas não estarem freqüentemente anotados é bastante desagradável, pois é norma estabelecida tocar a música tal qual está escrita; ou ainda, no caso de os ornatos não estarem definidos: o fato de notá-los fica sendo um obstáculo à imaginação criadora do músico, que necessita de liberdade para criá-los.

Nicolas Harnoncourt,
Le Discours musical,
Gallimard, 1984

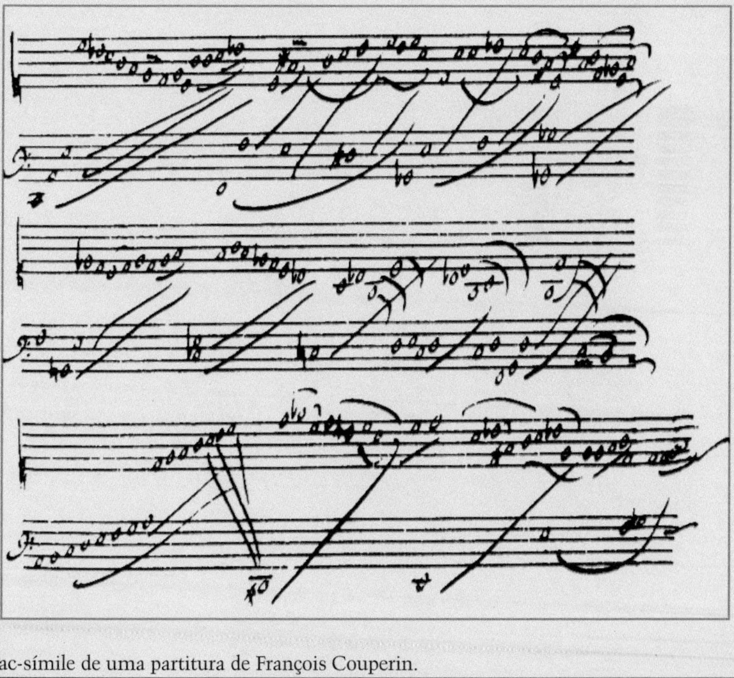

Fac-símile de uma partitura de François Couperin.

五節句内 文月

BIBLIOGRAFIA

— J. Abelanet, *Signes sans paroles*, Hachette, 1986.

— V. Alleton, *L'Écriture chinoise*, PUF, 1980.

— J. Bottéro, *La Mésopotamie*, Gallimard, 1986.

— L.-J. Calvet, *Histoire de l'écriture*, Hachette Littératures, Plon, 1996.

— J.-F. Champollion, o jovem, *Lettres et journaux écrits pendant le voyage d'Égypte*, Christian Bourgois, 1986.

— Anne-Marie Christin, *Histoire de l'écriture: de l'idéogramme au multimédia*, Flammarion, 2001.

— R. Clairborne, *Le Miracle de l'écriture*, Times-Life, 1974.

— M. Cohen, *La Grande Invention de l'écriture*, Klincksieck, 1958.

— M. Cohen, *L'Écriture*, Editions sociales, 1953.

— M. Cohen e J. Peignot, *Histoire et art de l'écriture*, R. Laffont, 2005.

— S. Delachaux, *Écritures d'enfants*, Delachaux e Niestlé, 1955.

— E. Dobihofer, *Le Déchiffrement des écritures*, Artaud, 1959.

— F. Druet e H. Grégoire, *La Civilisation de l'écriture*, Fayard, 1980.

— F. Dupuigrenet Desroussilles, *Trésors de la Bibliothèque Nationale, livres, manuscrits, enluminures*, Nathan, 1986.

— *L'Épopée de Gilgamesh*, Berg International, 1979.

— R. Étiemble, *L'Écriture*, Delpire, 1978.

— J. Février, *Histoire de l'écriture*, Payot, 1958, 1995.

— I. J. Gelb, *Pour une théorie de l'écriture*, Flammarion, 1973.

— F. Cheng, *L'Écriture poétique chinoise*, Seuil, 1984.

— J. Goody, *La Raison graphique*, A. Colin, 1979.

— J. Goody, *La Logique de l'écriture*, A. Colin, 1986.

— G. Ifrah, *Histoire universelle des chiffres*, Seghers, 1984.

— D. Jakson, *Histoire de l'écriture*, Denoël, 1983.

— J. N. Katan, *Hiéroglyphes, l'écriture de l'ancienne Égypte*, École des loisirs, 1981.

— G. Lefebvre, *Grammaire de l'égyptien classique*, Institut français du Caire, 1950.

— M. Malherbe, *Les Langages de l'humanité*, Seghers, 1983.

— L. Mandel, *Du pouvoir de l'écriture*, Ateliers Perrousseaux, 2004.

— A. Martinet (org.), *Le Langage*, Gallimard, Encyclopédie de la Pléiade, 1968.

— Massin, *La Lettre et l'image*, Gallimard, 1972.

— Massin, *Azerty, l'alphabet du monde*, Gallimard, 2004.

— H. Massoudy, *La Calligraphie arabe vivante*, Flammarion, 1981.

— R. H. Munsch, *Histoire de l'écriture*, Blond et Goy, 1961.

— R. H. Munsch, *L'Écriture et son dessin*, Eyrolles, 1961.

— Paillasson, *L'Art d'écrire*, Libraires associés, 1957.

— J. Peignot, *De l'écriture à la typographie*, Idées, Gallimard, 1967.

— J. Peignot, *Du calligramme*, Éditions du Chêne, 1980.

— R. Pernoud e J. Vigne, *La Plume et le parchemin*, 1983.

— Y. Perrousseaux, *Histoire de l'écriture typographique, de Gutenberg au XVIIIe siècle*, Atelier Perrousseax éditeurs, 2005.

— F. Richaudeau (org.), *La Chose imprimée*, Retz, 1977.

— S. Rossini, *Hiéroglyphes, lire et écrire*, Interligne, Lille 1987.

Obras coletivas

— Collectif, *Le Cabinet des Poinçons de l'imprimerie nationale*, Imprimerie nationale, 1948, 2005.

— *L'Aventure des écritures, Naissances*, catálogo de exposição na Biblioteca Nacional da França, BnF, 1997.

— *L'Aventure des écritures, Matières et formes*, catálogo de exposição na Biblioteca Nacional da França, BnF, 1998.

— *L'Aventure des écritures, La page*, catálogo de exposição na Biblioteca Nacional da França, BnF, 1999.

— *De plomb, d'encre et de lumière*, Imprimerie nationale, 1982.

— *Des livres rares depuis l'invention de l'imprimerie*, catálogo de exposição na Biblioteca Nacional da França, BnF, 1998.

— *L'Écriture et la psychologie des peuples*, A. Colin, 1963.

— *Écritures*, Colloque international, Paris VII, 2 tomes, Le Sycomore, 1982, 1985.

— *Naissance de l'écriture: cunéiformes et hiéroglyphes*, catálogo de exposição no Grand Palais, ministère de la Culture, musées nationaux, 1982.

ÍNDICE DE ILUSTRAÇÕES

CAPA

ABERTURA

CAPÍTULO 1

CAPÍTULO 2

CAPÍTULO 3

CAPÍTULO 4

9198. Bibl. Nac., Paris.
85d Pequena placa para escrever, século XI. Angers, coleção Saint-Martin.
86 Quatro etapas da fabricação de um livro, miniaturas. Biblioteca Kongelinge, Dinamarca.
86embd Tratado de Santo Hilário, século VII. Manuscrito latino. Bibl. Nac., Paris.
87 *Vida de São Martim* por Sulpice Sevère. Manuscrito latino. Bibl. Nac., Paris.
88 Um ilustrador do século XV em seu gabinete, Códex Membranaceus, manuscrito latino. Bibl. Nac., Paris.
89 *Le Roman de la rose*, Guillaume de Lorris e Jean de Meung, século XV, manuscrito francês. Bibl. Nac., Paris.
90 Constituição de Bento XII para a reforma da ordem de São Bento, 1337, manuscrito latino. Bibl. Nac., Paris.
91 Instrumentos de copista, faca e régua em madeira. Bibl. Nac., Paris.
91d Corte da pena de ganso.
92e Reconstituição em Leipzig da imprensa de Gutenberg. Fim do século XIX. Biblioteca das Artes Decorativas, Paris.
92a Escrita humanística, 1458, manuscrito latino 5791. Bibl. Nac., Paris.
93 Oficina de impressão, gravura de Jean Stradan, século XVI. Biblioteca das Artes Decorativas, Paris.
94 Fac-símile de uma página da Bíblia com 36 linhas de Gutenberg. Universidade de Greifswald.
95 Gutenberg, gravura de Larmessin (1682). Bibl. Nac., Paris.

CAPÍTULO 5

96 Bernard Cennini e seu filho Tito Lessi, pintura, 1471. Galeria de Arte Moderna, Paris.
97 "A arte de escrever", *Encyclopédie* de Diderot e d'Alembert, 1763. Biblioteca das Artes Decorativas, Paris.
98 Sinete de Aldo Manuce.
98-99 Retrato do matemático Fra Luca Pacioli, J. Bari, museu de Capodimonte, Nápoles.
99 *De Divina Proportione*, tratado de Geoffrey Tony.
100 Retrato de Robert Estienne (1503-1550). B.P.U., Genebra.
101 Oficina de um livreiro-artesão-encadernador, século XVI. Museu Correr, Veneza.
102 As cartas do abade Jaugeon. Col. particular.
103 "Natureza-morta dos livros", pintura, Charles Emmanuel Bizet de Annonay, século XVIII. Museu de Ain, Bourg-en-Bresse.
104 Tipo Grandjean. Imprensa Nacional, Paris.
105d Tipo Didot milimétrico. Imprensa Nacional, Paris.
105g Impressão em letras. *Encyclopédie* de Diderot e d'Alembert, século XVIII.
106 O impressor, os franceses pintados por eles mesmos, gravura do século XIX.
106-107 *Máquina para imprimir o pequeno jornal*, gravura, por volta de 1870. Museu Carnavalet, Paris.
108-109 *O impressor de lâminas de gravuras*, pintura de 1875, por Henri de Braekeleer. Academia Real de Belas-artes, Anvers.
110-111 *O impressor tipógrafo*, pintura do século XIX. Museu Carnavalet, Paris.
112a *O vendedor de jornais, os franceses pintados por eles mesmos*. Gravura, século XIX.
112emb. "Os Jornais", litografia de Bailly (1761-1845), Biblioteca do Castelo de Versalhes.
113 Jornal *La Lune*, de 30 de junho de 1867, semana cômica ilustrada. Casa de Victor Hugo, Paris.
114 Voltaire no seu gabinete de trabalho, detalhe, pintura, século XVIII. Museu Carnavalet, Paris.
115d Escrivão público, gravura de 1840. Biblioteca das Artes Decorativas, Paris.
115e Caneta, ébano e ouro reforçado, publicidade por volta de 1900. Biblioteca das Artes Decorativas, Paris.

CAPÍTULO 6

116 Decifração de inscrições babilônicas, litografia do século XIX, in "The Monuments of Nineveh".
117 Caillou Michaux, pedra negra polida, inscrições cuneiformes, século XII a.C., Bibl. Nac., Paris.
118a A Pedra de Roseta. Museu Britânico, Londres.
118-119 Vista do templo de Maharaqua, aquarela de Nestor Lhôte. Bibl. Nac., Paris.
119a *Retrato de Jean-François Champollion*, pintura, por Léon Cogniet. Museu do Louvre, Paris.
120 Moldura "Cleópatra".
121 Página manuscrita em "Os princípios gerais da escrita sagrada egípcia". Instituto do Oriente, Paris.
122 Detalhe dos baixos-relevos de Behistun, in "The Persian cuneïform inscriptions at Behistun".
122-123 Vista geral do rochedo de Behistun. Seção de Assiriologia, Paris.
124 Reconstituição do palácio de

Cnossos, pintura de Sir Evans, por volta de 1940.
125 Pequena placa de Pylos, escrita cretense.
126 Petróglifos da ilha de Páscoa, Chili.
127 Estátuas da ilha de Páscoa, gravura do século XVIII.
128 Moisés, pintura, Giusto di Gand. Palácio Ducal, Urbino.

TESTEMUNHOS E DOCUMENTOS

129 Texto circular reproduzindo a Fatiha, a primeira frase corânica.
133 Símbolo chinês.
134-135 Fabricação tradicional do papel: moldagem, secagem e contagem das folhas de papel, gravuras sobre madeira, Japão.
137a Caligrafia de Bagdá, 1952.
137emb. Caligrafia Thoulty, em espelho, de Rassa, 1903.
138 Caligrafia significando os nomes de Allah, de Mahmoud Al Chahat, imaginário popular egípcio.
139 Composição caligráfica no estilo Jeli Diwani de Hachem, 1957.
141 Alfabeto tipográfico de Geoffrey Tony in *Champ-Fleury auquel est contenu l'art et la science de la vraie proportion des lettres antiques et vulgairement lettres proportionnées selon le corps et le visage*. Paris, 1529.
143 Cartaz publicitário para Dubonnet de Cassandre, 1934
146 Fac-símile de uma página de *Messes* sur *divers* tons, extraída do *Graduel romain* século XVIII.
147 Fac-símile de uma partitura de J.-S. Bach, começo do século XVIII.
148 Retrato de Beethoven, caligrafado com um fragmento de sonata por Bayrle, 1972.
149 Fac-símile de uma partitura de François Couperin, século XVII.
150 Ensinamento de escrita, gravura japonesa, século XIX, Museu Nacional de Educação, Rouen.
156 Jogo literário japonês, pintura, século XIX.

ÍNDICE

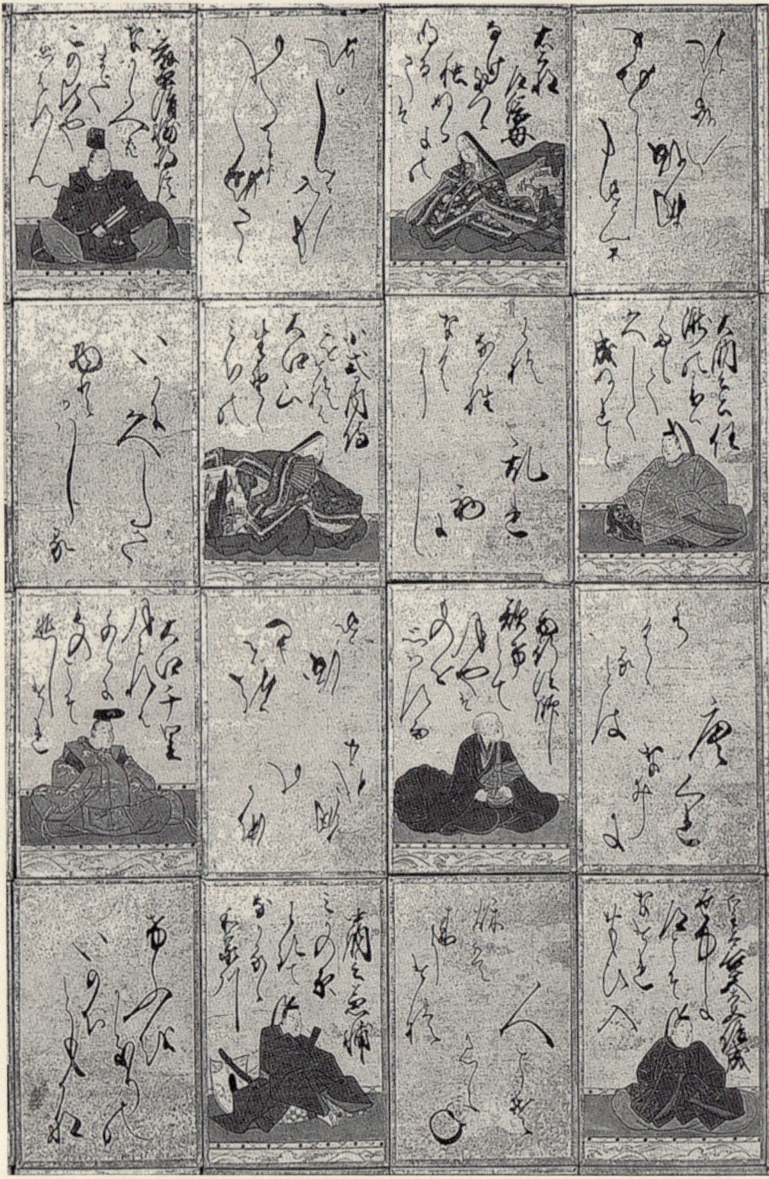

CRÉDITOS FOTOGRÁFICOS

Biblioteca Nacional Francesa, Paris plano da 4º capa, 1, 2, 3, 4, 5, 6, 7, 47e, 48, 54-55, 55, 56, 56-57, 63, 68a, 69, 74, 80, 82, 84, 86emb, 87, 88, 89, 90, 91e, 92emb, 117, 118, 119. Biblioteca Real de Copenhagen 147. British Museum, Londres 76-77, 78, 79, 118-119. Jean-Loup Charmet, Paris 75, 92, 93, 94, 95, 97, 100, 107, 115, 156, 158. Cosmopress, Genebra plano da 1º capa. Dagli Orti 10, 11, 13a, 15, 22, 23, 26, 27, 32-33, 34-35, 36-37, 42-43a, 51, 52a, 53, 60emb, 62, 65, 66, 72, 73, 82-83, 96, 98-99, 101, 103, 110-111, 114, 119, 124. Direitos reservados 14, 17, 18d, 28emb, 28-29, 40emb, 47d, 58-59, 60a, 91d, 120, 125, 129, 133, 134-135, 137, 138, 139, 141, 146-149, 154, 157. Explorer/Arquivos 42-43emb, 50, 85, 106, 112. Explorer/Beuzen 59. Explorer/Valentin 126. Explorer/Weisbecker 68emb. Giraudon 41, 44. Giraudon/Lauros 108-109, 113. Josse 20, 21, 30a. Perino/Chomon 31. Réunion des Musées nacionaux 12-13, 13, 16, 16-17, 18e, 19, 24, 25, 30emb, 38, 39, 45e, 49. Violet/Alimari 40emb.

EDIÇÃO E COMPOSIÇÃO

DESCOBERTAS GALLIMARD
COLEÇÃO IDEALIZADA POR Pierre Marchand.
DIREÇÃO Élisabeth de Farcy.
COORDENAÇÃO EDITORIAL Anne Lemaire.
LAYOUT Alain Gouessant.
COORDENAÇÃO ICONOGRÁFICA Isabelle de Latour.
ACOMPANHAMENTO DE PRODUÇÃO Fabienne Brifault.
ACOMPANHAMENTO DE COLABORAÇÃO Madeleine Giai-Levra.
RESPONSÁVEL COMUNICAÇÃO E IMPRENSA Valérie Tolstoï.
IMPRENSA David Ducreux e Alain Deroudilhe.

ESCRITA, MEMÓRIA DOS HOMENS
EDIÇÃO Paule Du bouchet.
ICONOGRAFIA Èdith Garaud.
DIAGRAMAÇÃO Anne Boyer.
REVISÃO Pierre Granet.

Georges Jean nasceu em Besançon, em 1920. Ex-aluno da Escola Normal Superior de Saint-Cloud, é professor honorário de lingüística geral e semiologia na Universidade do Condado de Maine (Le Mans). É autor de mais de sessenta obras, 21 das quais coletâneas de poemas, ensaios sobre teoria política e pedagogia e antologias poéticas, cinco delas lançadas na coleção Folio Junior / Poésie, da Gallimard. Na coleção Descobertas, ele também é autor de *Langages des signes, L'écriture et son double* (1989) e *Voyages en Utopie* (1994).

CIP-BRASIL. CATALOGAÇÃO-NA-FONTE
SINDICATO NACIONAL DOS EDITORES DE LIVROS, RJ

J47e Jean, Georges
A escrita : memória dos homens / Georges Jean ; [tradução Lídia da Motta Amaral]. - Rio de Janeiro : Objetiva, 2008.
160p. : il. -(Descobertas)

Tradução de: L'écriture : mémoire des hommes
Inclui bibliografia
ISBN 978-85-7302-901-7

1. Escrita - História. I. Título. II. Série.

08-2879. CDD: 411
CDU: 003